Schule und Verbrechen

Renate Göllner

Schule und Verbrechen

Die Vertreibung
jüdischer Schülerinnen und Schüler
von Wiens Mittelschulen

PETER LANG

Frankfurt am Main · Berlin · Bern · Bruxelles · New York · Oxford · Wien

Bibliografische Information der Deutschen Nationalbibliothek
Die Deutsche Nationalbibliothek verzeichnet diese Publikation
in der Deutschen Nationalbibliografie; detaillierte bibliografische
Daten sind im Internet über <http://www.d-nb.de> abrufbar.

Gedruckt mit Unterstützung des Bundesministeriums
für Wissenschaft und Forschung in Wien und der
Wissenschafts- und Forschungsförderung der Stadt Wien, MA 7.

Umschlagabbildung:
© Olaf Glöckler, Atelier Platen

ISBN 978-3-631-58391-3

© Peter Lang GmbH
Internationaler Verlag der Wissenschaften
Frankfurt am Main 2009
Alle Rechte vorbehalten.

www.peterlang.de

Gewidmet
Emilio Jäger

Inhaltsverzeichnis

Danksagung

Bedanken möchte ich mich bei jenen Direktoren und Lehrern, die mich an den Schulen unterstützt, mir Unterlagen zur Verfügung gestellt haben und mir beim Suchen von Quellen behilflich waren. Vor allem die Klassenkataloge der jeweiligen Schulen, die bis auf wenige Ausnahmen vollständig erhalten sind, waren für diese Arbeit unentbehrlich. Eine große Hilfe boten auch die verschiedenen Projektberichte über den Ausschluß jüdischer Schülerinnen und Schüler im Jahr 1938, die an einigen Anstalten durchgeführt und dokumentiert wurden. Geschrieben werden aber konnte dieses Buch nur Dank der bereitwilligen Hilfe ehemaliger Schüler und Schülerinnen, die heute verstreut auf der ganzen Welt leben. Vom Nationalfonds der Republik Österreich für Opfer des Nationalsozialismus von meinem Buchprojekt informiert, meldeten sich 150 Überlebende. Sie führten mit mir lange Gespräche, oder schrieben ausführliche Briefe, in welchen sie geduldig meine vielen Fragen beantworteten. Ihnen allen sei an dieser Stelle herzlich gedankt für die keineswegs selbstverständliche Mühe. Zusammen mit den Biographien verschiedener Schriftsteller bilden diese Erinnerungen eine weitere wichtige Grundlage für dieses Buch.

Mein Dank gilt insbesondere Emilio Jäger, ehemaliger Schüler des Gymnasiums in der Schottenbastei, der die Entstehung dieser Arbeit mit großem Interesse und ebenso großer Geduld aus dem fernen Buenos Aires begleitete. Weiters bedanke ich mich bei Evelyn Adunka, Herta Blaukopf, die leider verstorben ist, bei Siglinde Bolbecher, Erich Chvoyka, Peter Gstettner, Karin Lederer, Konstantin Kaiser, Wolfgang Neugebauer, Renate Pražak, Gerhard Scheit und Thomas Steffan.

Vorwort

Ich habe mich mein Lebtag geschämt, ein
Österreicher zu sein, und nie mich dieser
Scham geschämt, wissend, daß sie der
bessere Patriotismus sei. (Karl Kraus)

Am Abend des 26. November 2006 wurde in Wien die jüdische Lauder-Chabad-Schule verwüstet. Der junge Mann, der mit einer Stange bewaffnet war, rannte durch die Gänge und zertrümmerte blindlings einen großen Teil der Fensterscheiben; Zeugen berichteten, das Zerbersten der Scheiben und die angerichtete Verwüstung erinnerte sie an die Pogromnacht des neunten November 1938. Der Täter konnte noch vor Ort, in der Schule, festgenommen werden.[1] In Berlin wurden Anfang 2008 Schüler der jüdischen Oberschule in Berlin von mehreren Schlägern angegriffen. Die Schüler befanden sich auf dem Heimweg, als sie plötzlich als „Drecksjuden" beschimpft und attackiert worden waren. Anschließend hetzten die Angreifer einen ihrer Hunde auf die Schüler. Ein 15jähriger Junge flüchtete in eine Bäckerei. Die Schüler waren nicht als Juden kenntlich.[2]

Der Angriff auf die jüdische Schule, die Attacken gegen jüdische Schüler zeugen nicht nur von der ständig wachsenden Virulenz des Antisemitismus, sondern machen zugleich auf erschreckende Weise deutlich, daß der Haß gegen Jüdinnen und Juden sich immer auch gegen Kinder und Jugendliche richtet. Das vorliegende Buch *Schule und Verbrechen* legt von diesem Haß Zeugnis ab. Es handelt von der Vertreibung und Verfolgung jüdischer Mittelschülerinnen und -schüler angesichts der besonderen Verhältnisse in Wien, im Herzen des Antisemitismus.

Damals, nur wenige Wochen nach der Angliederung Österreichs an das Deutsche Reich wurden im März 1938 jüdische Mittelschüler von ihren Anstalten verjagt und in separate, verächtlich genannte „jüdische Sammelschulen" überstellt. Sofern es ihnen gelang, trotz der äußerst bedrohlichen politischen Verhältnisse und der unerhört schwierigen Bedingungen, in Klassen mit oft 50 und mehr Schülern auf engstem Raum zusammengepfercht, den Schulalltag überhaupt zu bewältigen, erhielten sie am Ende des Schuljahres ein Abgangszeugnis, oder konnten das Abitur ablegen; ab Herbst jedoch sollten sie erneut in einige wenige

---

1 www.jüdische.at, 1.12.2006
2 Tagesspiegel, 18.1.2008

11

Hauptschulen „umgeschult" werden. Zu diesem Zeitpunkt aber waren viele von ihnen, so ihre Familien es irgendwie einrichten konnten, längst aus Wien geflüchtet.

Die Folgen dieser Ghettoisierung, die ab Mai ebenso die jüdischen Pflichtschüler betraf, waren für jüdische Schülerinnen und Schüler katastrophal. Gezwungen, einen oft stundenlangen, gefährlichen Schulweg in Kauf zu nehmen, in einer fremden Schule untergebracht, getrennt von ihren langjährigen Mitschülern und Freunden, mit unbekannten, meist antisemitischen Lehrern konfrontiert, waren sie durch die Segregation nun ebenso in ihrem eigenen, vertrauten Bereich als Schüler der Verachtung und Verfolgung preisgegeben. Auf diese Weise setzten die Nationalsozialisten alles daran, speziell auch unter jüdischen Kindern und Jugendlichen Angst und Terror zu verbreiten.

Die Separierung bedeutete im Leben der meisten jüdischen Schüler einen Bruch, der sie zusätzlich zu dem, was ihnen in ihrer Familie und im Alltag widerfuhr, erschütterte: „Ich bin allein nach Schweden gekommen, habe hier ein ‚neues Leben' begonnen und da natürlich versucht, alle schlechten Erinnerungen an die Geschehnisse in Wien zu vergessen. Ich habe seit damals nie von ihnen gesprochen, nicht einmal mit meiner Frau oder meinen Kindern. Ihre Forschung scheint einem guten Zweck zu dienen, deshalb werde ich doch versuchen, Ihre Fragen zu beantworten. Aber ich kann nicht wissen, ob die rudimentären Erinnerungen aus meiner Kindheit ganz der Wahrheit entsprechen oder ob sie auch verschönende Hinterhandkonstruktionen enthalten, wahrscheinlich waren die Ereignisse schlimmer als ich es mir heute noch vorstellen kann."[3] Viele Schüler, die vor den Nationalsozialisten flüchten mußten, haben versucht, ihre Erinnerungen an das, was ihnen damals angetan wurde, so gut es ging, aus ihrem Gedächtnis zu bannen. Nur wenige aber haben so konsequent geschwiegen wie Paul Kornfeld.

In seinem Aufsatz „Unterbrechen" und „Zerbrechen" hat der Psychoanalytiker John S. Kafka, auch er ein Vertriebener, festgestellt, daß die Erfahrung des Holocaust, das Flüchtlingwerden, dazu führen könne, die Trauerarbeit abzubrechen, also jenen Prozeß, der es dem Einzelnen in gewisser Weise leichter macht und ihm hilft, mit dem was ihm und seiner Familie angetan wurde, weiterzuleben. Vergangenes zu begraben aber bedeute, Lebendiges zu begraben. Entstehen könne dieser radikale Bruch, wenn die nationalsozialistischen Verbrechen von der Umwelt bloß als äußeres Ereignis und nicht als von Menschen bewußt begangene Taten begriffen werden. Diese Erfahrung, in einer Welt, in der der andere nicht das gleiche Schicksal erleidet, kann zu einem Zerbrechen der Kommunikation führen. So können Flüchtlinge in einer anderen Welt leben als Nichtflüchtlinge.

---

3 Paul Kornfeld: Brief v. 17. November 2005

Das Leben, so Kafka, „scheint zerbrochen, weil das Gefühl der Kontinuität verloren gegangen ist."[4]

Obwohl nationalsozialistischer Terror und Diskriminierung allgegenwärtig waren, und auf den ersten Blick der Eindruck entstehen könnte, als hätten die äußeren Bedingungen die gleichen seelischen Spuren und Brüche hinterlassen, wurden Ausschluß und antisemitischer Wahn sehr unterschiedlich erlebt. In weit über hundert Briefen und Interviews haben Überlebende von diesen individuellen Erfahrungen aus ihrer Schulzeit berichtet, haben sich an Einzelheiten erinnert, die sie selbst oft längst vergessen glaubten. Dieser Fülle individueller Erfahrungen galt es gerecht zu werden und darin bestand auch die Schwierigkeiten des Buches: alles darzustellen, was die Erniedrigung ausmachte, es aber so darzustellen, daß die Überlebenden, sollten sie dieses Buch lesen, die Erniedrigung nicht noch einmal erleben müssen.

***

„Schule und Verbrechen" erscheint 70 Jahre nachdem Österreich dem Deutschen Reich „angeschlossen" worden war. Zum wiederholten Male wird in zahlreichen Initiativen und Veranstaltungen dieser Ereignisse gedacht. Was die Schulen betrifft, so waren schon in den achtziger Jahren verschiedene Projekte entstanden, in welchen einige engagierte Historiker gemeinsam mit ihren Schülern die bislang unbekannte Geschichte der Vertreibung jüdischer Kinder und Jugendlicher an der jeweils eigenen Anstalt im Unterricht erforschten und dokumentierten. Singulär und beispielhaft ist die sorgfältig gestaltete und informative Ausstellung *Die verlorene Insel. Als Schulen zu Gefängnissen wurden.* Sie ist im Keller des BRG XX, in der Karajangasse, einem ehemaligen Gestapogefängnis, eingerichtet und bis heute öffentlich zugänglich.

Von ganz anderer Art und Dimension ist das seit 2003 existierende Projekt „A Letter To The Stars", das von zwei Journalisten mit großem Werbeaufwand inszenierte „größte zeitgeschichtliche Forschungsprojekt" Österreichs. Empirische Grundlage für diese aufwendig gestalteten und medial wirksam in Szene gesetzten „Gedenk-Events" ist die vom Dokumentationsarchiv des Österreichischen Widerstandes (DÖW) veröffentlichte Datenbank österreichischer Holocaustopfer. Aus dieser Datenbank sollten Schülerinnen und Schüler sich je einen Namen nach persönlichen Kriterien aussuchen, um danach die entsprechende Lebensgeschichte zu recherchieren. Die Opfer, so die Initiatoren, würden dadurch ein „Ge-

---

4 John S. Kafka: „Unterbrechen" und „Zerbrechen". Die Gewalt der Nicht-Interpretation, in: Tagungsband zum Symposium Die Vertreibung der Psychoanalyse aus Wien 1938 und die Folgen. Wien 2005, S. 145-153

sicht" erhalten, könnten auf diese Weise ihre „Würde" wiedererlangen. Wie dieses Vorhaben – die Schüler sollten anschließend einen persönlichen Brief an die Opfer schreiben – im Unterricht konkret umgesetzt werden sollte, wie die Jugendlichen motiviert, ob und wie Lernprozesse und Erfahrungen in Gang zu setzen waren, blieb einzig den Lehrern überlassen.

Liest man einige von den Schülern verfaßte „Briefe an die Zukunft", so wird rasch die Vertracktheit der Aufgabe deutlich, die man ihnen stellte. Es wurden verschiedene Fakten über die Ermordeten in Erfahrung gebracht und eifrig historische Daten aus diversen Archiven zusammengetragen; das alles aber wurde reduziert auf das Ziel, „Geschichte erlebbar" zu machen. Da schreibt etwa eine 14jährige, warum sie sich ausgerechnet Frida Rosenthal aussuchte: „Sie hat am selben Tag wie ich Geburtstag, am 10. Jänner. Deshalb ist sie mir auf irgendeine Art verwandt. So wird mir noch stärker bewußt, wie schrecklich es ist, daß Menschen wegen ihrer Gesinnung sterben mußten."[5] Und in einem anderen Brief heißt es: „Es war nicht sehr leicht, mehr über dich und deine Familie zu erfahren. Aufgrund langer Recherchen haben wir dich ein bißchen näher kennen lernen dürfen."[6] So ernsthaft und bemüht um Nähe und Identifikation gerungen wurde, sie war kaum herstellbar, war von Anfang an falsch: konstruierte Empathie. Deshalb wirken viele der Briefe so heillos verkrampft und unecht: „Wenn wir heutzutage einen geliebten Menschen durch Krankheit oder durch einen Unfall verlieren, dann bestatten wir ihn würdig, wir können jederzeit sein Grab besuchen und er lebt doch in unserer Erinnerung weiter ... Wir wissen nicht, woran Sie Frau Schönmann gestorben sind, ob Sie überhaupt bestattet worden sind. Für Ihre Nachkommen wird es schwer sein, mit diesen Unsicherheiten fertig zu werden." Es war nicht anders zu erwarten: die vorgegebene Form, die den Inhalt bestimmt, provozierte gleichsam solche Ergebnisse. Stellt doch der Brief an ein Holocaustopfer nichts anderes dar als den Versuch, mit ihm in eine fast familiäre Beziehung zu treten. Es sollen also die, die nie in Gefahr geraten, einzig aufgrund ihrer Herkunft verfolgt und ermordet zu werden, so tun, als stünden sie mit ihren Briefpartnern auf gleicher Stufe, buchstäblich auf du und du, sollen vergleichen, was niemals verglichen werden kann! Statt sich der Distanz zu den jüdischen Opfern bewußt zu werden, und sich ihr zu stellen – was auch bedeutete die Täter beim Namen zu nennen – wird einer ganz und gar verlogenen Intimität das Wort geredet, werden die Ermordeten nachträglich vereinnahmt. Wie gut, daß sie nicht mehr antworten können!

5   Kronenzeitung, Sonntag 30. März 2003, S. 36
6   Vgl. dazu und die folgenden Zitate: Renate Göllner: Auschwitz – wir bleiben dran! Über das Projekt „A Letter To The Stars". In: Zwischenwelt, Literatur, Widerstand Exil. 20. Jg., Nr. 3, Dez. 2003

Indem man sich ausschließlich auf die Opfer konzentriert und eine Intimität mit ihnen vortäuscht, geraten die Verfolger erst gar nicht in den Blick, müssen auch Schuld und Verantwortung nicht zur Sprache gebracht, der Antisemitismus erst gar nicht thematisiert werden. Das macht das Thema so leicht konsumierbar und war vielleicht auch mit ein Grund, weshalb es auf so breite Zustimmung stieß: „Die Menschen von damals", schreibt eine Schülerin, „sahen am Anfang im Nationalsozialismus wohl nur die positiven Seiten, aber irgendwann holte sie die Wahrheit ins wirkliche Leben zurück. Wie oft haben sich Menschen an Zeitgenossen geklammert, die ihnen vorgaukelten, ihnen helfen zu wollen? Sie haben alle ihre Versprechungen geglaubt und sind bedingungslos somit zu ihren Handlangern geworden!" Wo das Kollektiv der Mörder anonym bleibt, erscheinen die Täter als von Hitler verführt, Schuld und Verantwortung können relativiert werden. Charakteristisch ist auch, daß die aktive Mitwirkung der Österreicher an der Shoa noch immer nicht als ein geschichtliches Faktum feststeht und es nach wie vor gelingt, diese historische Tatsache zu verschleiern bzw. zu verleugnen.

Adornos Diktum, die allererste Forderung an Erziehung wäre die, daß Auschwitz nicht noch einmal sei, ist heute aktueller denn je. Auch wenn es heute in Schule und Unterricht immer komplizierter wird, dem Vergessen und der Wiederholung entgegenzuarbeiten und das Bewußtsein wachzuhalten, in einem Land zu leben, das den Nationalsozialismus hervorgebracht hat, so dürfte sich kein Lehrer der Dringlichkeit dieser Aufgabe entziehen; sich der Vergangenheit zu stellen, bedeutete aber nicht nur, sich die gesellschaftlichen Ursachen und Zusammenhänge, die Auschwitz möglich machten, ins Bewußtsein zu rufen, es bedeutete auch dort anzusetzen, wo es um die jeweils subjektive Verstricktheit in die Vergangenheit geht: die Anonymität des Täterkollektivs aufzubrechen, hieße, zuallererst nach der Verantwortung der Eltern und Großeltern zu fragen. Ist es doch die eigene Familie, in der der Faschismus fortwirkt. Was hat der Großvater, die Großmutter während des Nationalsozialismus getan? Was haben die Großeltern den Eltern erzählt, wurde überhaupt darüber gesprochen? Inwiefern hat die eigene Familie von den Verbrechen profitiert? „Nicht im Prozeß der Interiorisation, so scheint mir, sind die zwischen ihnen und mir liegenden Leichenhaufen abzutragen, sondern, im Gegenteil, durch Aktualisierung, schärfer gesagt: durch Austragung des ungelösten Konflikts im Wirkungsfeld der geschichtlichen Praxis." Dieser ungelöste Konflikt, von dem Jean Améry in seiner Schrift *Schuld und Sühne* spricht, nimmt seinen Ausgang zuallererst in der eigenen biographischen Geschichte, im Verhältnis zwischen Jugendlichen, Eltern und Großeltern.[7] Vor allem in der Konfrontation mit dieser Geschichte – und davon dürften frei-

---

7 Jean Améry: Jenseits von Schuld und Sühne. Jean Améry Werke, Bd. 2, Hrsg. v. Gerhard Scheit, Stuttgart 2002, S. 129

lich auch die Lehrer nicht ausgenommen sein – könnten irritierende und verstörende Erfahrungen gewonnen werden, Lernprozesse, die zu kritischer Selbstreflexion anregen und – im besten Fall – zum Nichtmitmachen befähigen.

Doch von der Konfrontation mit der eigenen Geschichte wollen die Organisatoren von „A Letter To The Stars" nichts wissen. Wenn Jugendliche während einer Befreiungsfeier im KZ Mauthausen Blumen pflanzten und Kerzen entzündeten, wie das 2004 geschah, und 2008 am Wiener Heldenplatz eine „Nacht des Schweigens" organisiert wurde, wenn Begegnungen mit Überlebenden einzig als „Friedensprojekt" und „Projekt der Herzensbildung" firmieren und immer mehr Empathie gefordert wird, so entsteht der Eindruck, als ob solche Events gerade dazu erfunden wären, um konflikthafte Auseinandersetzung und schmerzhafte Erfahrungen mit den nationalsozialistischen Verbrechen zu vermeiden.

***

Statt die Vergangenheit zu aktualisieren, wie Améry es fordert, wird der Bezug zur Gegenwart tunlichst vermieden: Während man sich der ermordeten Juden pflichtgemäß erinnert, während zunehmend mehr finanzielle Mittel für groß angelegte Events zur Verfügung gestellt werden, kommt es niemandem in den Sinn, sich mit den überlebenden Juden und deren Nachkommen zu solidarisieren. Viele der einst vertriebenen Schüler leben heute im Staat Israel, dessen Existenz von der Kontinuität des Antisemitismus Zeugnis ablegt, und der ihnen bis heute Schutz davor bietet. Zu begreifen, was vor 70 Jahren geschah, hieße auch, jeder Form des Antizionismus entgegenzutreten und unbedingte Partei zu ergreifen für den Staat der Juden, dessen besondere Tragödie darin besteht, daß Israel 60 Jahre nach seiner Gründung in einem Ausmaß bedroht ist, wie niemals zuvor in seiner Geschichte.

Schule im Klerikalfaschismus

Vaterländisch, katholisch und antisemitisch

Schüler, die über ihre Ausgrenzung und Vertreibung im Jahr 1938 von ihrer Schule berichten, verweisen oft darauf, „daß alles schon viel früher begonnen hatte". Heinz Kienzl, ehemaliger Schüler des Gymnasiums in der Maroltingergasse, einer, wie er sagt, „sozialdemokratisch angehauchten Schule", erzählte, daß unter Dollfuß ein Drittel seiner Schulkollegen bei der illegalen Hitlerjugend waren, „einer Organisation, die 1936/37 bereits überall präsent war, auf großen Widerhall stieß, nicht nur in der Schule, sondern auch in Kinder- und Schülerlagern". Zugleich sind „viele sozialdemokratische Lehrer aus der Schule rausgeflogen, versetzt und pensioniert worden."[8]

Verändert hatte sich das politische Klima an den Schulen schon 1933, als in Deutschland Hitler an die Macht gekommen war, in Österreich die parlamentarische Demokratie ausgeschaltet und der klerikalfaschistische „Ständestaat" errichtet worden war. Als eine der ersten entscheidenden Initiativen hatte Unterrichtsminister Anton Rintelen im April dieses Jahres den Glöckel-Erlaß über die religiösen Übungen aufgehoben. Der bis weit über die Grenzen des Landes bekannten Schulreform des Roten Wien war damit ein jähes Ende gesetzt worden. Der Erlaß, der einen wesentlichen Bestandteil der Reformen darstellte und jeden Zwang zur Teilnahme an religiösen Übungen untersagte und Religion in der Schule zur Privatangelegenheit erklärte, war über 14 Jahre lang der Christlichsozialen Partei ein Dorn im Auge und ständiger Stein des Anstoßes gewesen. Seine Beseitigung wirkte wie ein Fanal. Wie aufgeheizt das politische Klima in katholischen Kreisen anläßlich der Aufhebung dieses Reglements war, zeigt ein Kommentar der *Reichspost*, dem „unabhängige(n) Tagblatt für das christliche Volk" (Karl Kraus); darin wird am 15. April von der „Forträumung des Revolutionsschuttes auch im Schulwesen"[9] berichtet und gegen den „Schulbolschewismus" und den Laizismus der Sozialdemokraten gehetzt.

Die Außerkraftsetzung des Glöckel-Erlasses, die „Wiederverchristlichung" der Schule, leitete eine politische Wende ein und steht gleichsam symbolisch am Beginn des klerikalfaschistischen Staates. Indem der katholische Religionsunter-

---

8 Heinz Kienzl: Interview v. 10. Juli 2004
9 *Reichspost*, 15. April 1933, S. 1f.

richt wieder „zum Zweck der Schule erklärt" sowie „eine innere Beziehung der Jugend zu Religion und Vaterland und damit auch zum Volkstum" als „selbstverständliche Grundvoraussetzung jeder Erziehungsarbeit"[10] postuliert wurde, erfuhr die Schule eine deutliche politische Aufwertung, die sich unter anderem auch in der Ernennung Kurt Schuschniggs zum Unterrichtsminister zeigte, der ab Mai 1933 dieses Amt die folgenden zwei Jahre gemeinsam mit Minister Anton Rintelen betreute. In seiner Rede am Allgemeinen Deutschen Katholikentag im September 1933 hob der Unterrichtsminister die besondere Bedeutung des Katholizismus für ein künftiges Österreich hervor: „Der Einsatz der katholischen Kräfte Österreichs" diene „nicht nur dem Interesse des eigenen Landes, sondern auch den gesamtdeutschen Interessen und somit dem Abendlande"; ohne dieses katholische Österreich sei „die Erfüllung der Sendung des Deutschen Volkes im christlichen Abendland, die Wiedergeburt des wahren Heiligen Reiches und damit die Befreiung des aus tausend Wunden blutenden Mitteleuropas nicht möglich."[11] Diese Reichsideologie, die dem Blut- und Bodenwahn schon in der Terminologie Tür und Tor öffnete, hielt auch in der Schule Einzug: Katholisch und deutschnational war fortan die Erziehung, sittlich-religiös und vaterländisch-deutsch der Unterricht. Mit aller Macht trachtete der klerikalfaschistische Staat seinen Einfluß auf die Jugend geltend zu machen; als treibende Kraft der entstehenden Diktatur versuchten die Christlichsozialen sowohl die „laizistisch-materialistischen" Sozialdemokraten als auch die Nationalsozialisten gleichermaßen ideologisch in Schach zu halten.

Zahlreich waren die Maßnahmen und Vorschriften, die bereits 1933 in Kraft traten und der Schulbürokratie die Handhabe boten, oppositionelle Schüler und Lehrer ihrer Kontrolle zu unterwerfen und zu disziplinieren: Schüler sollten durch das Tragen eines vaterländischen Schülerabzeichens ihr Einverständnis mit dem Dollfuß-Regime bekunden, Lehrer mußten mit einem Diensteid bei „Gott, dem Allmächtigen" schwören, sich für eine sittlich-religiöse und vaterländisch-österreichische Erziehung einzusetzen, und im Jänner 1934 wurden sie mit einem Erlaß ganz ungeniert aufgefordert, der Vaterländischen Front beizutreten. Zugleich begann man gegen oppositionelle Schüler und Schülergruppen scharf vorzugehen; Mittelschülern war die Teilnahme an parteipolitischen Demonstrationen verboten, und es war ihnen untersagt, sich Vereinen anzuschließen. Während sozialistische Schüler sich in weitgehender Zurückhaltung übten und nur selten Wi-

---

10 *Vaterländische Erziehung der Jugend; Beitritt der Lehrer zur Vaterländischen Front.* Erlaß v. 8. Jänner 1934
11 Allgemeiner deutscher Katholikentag in Wien 1933. 7. bis 12. November, Wien 1934, S. 59–64. Zit. nach Anton Staudinger: „Austrofaschistische ‚Österreich'-Ideologie", in: *„Austrofaschismus", Beiträge über Politik, Ökonomie und Kultur 1934–1938.* Wien 1988, S. 294

derstandsaktionen organisierten, waren es vor allem diverse nationalsozialistisch gesinnte Jugendliche, die, durch Hitlers Machtergreifung in Deutschland angespornt, sich zu einer wüsten Hetze ermutigt fühlten, Hakenkreuze klebten, Protest- und Störaktionen durchführten und sich an Bombenattentaten an der Südbahnstrecke beteiligten.[12] Allein im Schuljahr 1933/34 wurden 1340 Schüler wegen verbotener nationalsozialistischer Betätigung registriert und bestraft, wobei mehr als zwei Drittel dieser Vergehen an Mittelschulen geahndet wurden; offenkundig bildeten gerade diese Jugendlichen gleichsam die faschistische Vorhut. Im gleichen Zeitraum wurden – ebenfalls im Bereich der Mittelschulen – „25 Schüler mit schärfsten Strafen belegt, nämlich mit dem allgemeinen Schulausschluß – und 150 mit dem lokalen."[13] Und zwischen 1933 und 1938 hat das Unterrichtsministerium nicht weniger als 2610 Straftaten nationalsozialistischer Schüler verfolgt, das waren 16mal soviel wie bei sozialistischen und kommunistischen Schülern.[14]

Dem autoritären österreichischen Ständestaat lag freilich viel daran, diese nationalsozialistischen Aktivitäten durch eine besondere außerschulische vaterländische Erziehung in die Schranken zu weisen und die Jugend zu „vaterlandstreuen Staatsbürgern" zu erziehen. Nach dem Vorbild der italienischen „Balilla", einer Organisation, in der sich die Staatsjugend formieren sollte, wurde daher 1936 durch ein Bundesgesetz eine eigene zentrale Organisation, das „Österreichische Jungvolk", gegründet. Während Jugendverbände wie „Jung-Vaterland-Ostmarkjugend" und der „Christlich-deutsche Turnverein" dem Jungvolk angegliedert wurden, sorgte das Episkopat für den Fortbestand der diversen katholischen Jugendorganisationen.[15]

Neben Unterrichtsminister Schuschnigg verfügte im österreichischen Ständestaat aber noch ein anderer klerikaler Ideologe über maßgeblichen Einfluß im Bereich des Schulwesen: Es war dies Richard Schmitz, der schon 1927 vorübergehend das Amt des Unterrichtsministers innegehabt hatte und der am 12. Februar 1934 zum Bundeskommissär bzw. Bürgermeister von Wien ernannt worden war. Schmitz hatte 1932 im Rahmen einer parteioffiziellen Kommentierung das Christlichsoziale Parteiprogramm von 1926 erläutert und sich in dieser Schrift

---

12 Herbert Dachs: *Schule und Politik. Die politische Erziehung an den österreichischen Schulen 1918 bis 1938*. Wien/München 1982, S. 235
13 Gustav Richter: „Die Stellung der RS zu den legalen Organisationen", in: *Der Kampf*, Nr. 12, Dez. 1936, S. 474ff.
14 Helmut Engelbrecht: *Lehrervereine im Kampf um Status und Einfluß*. Wien 1978, S. 203
15 Helmut Engelbrecht: *Geschichte des österreichischen Schulwesens. Erziehung und Unterricht auf dem Boden Österreichs*, Bd. 5: *Von 1918 bis zur Gegenwart*. Wien 1988, S. 273

nicht nur als österreichischer Volkstumsideologe von unzweifelhaft deutschnationaler Gesinnung, sondern ebenso als ein Mann mit unverhohlenem antisemitischen Ressentiment erwiesen. Schmitz zählt übrigens zu jenen Klerikalen, die ähnlich wie auch schon Leopold Kunschak, der Führer der christlichen Arbeiterbewegung, kurz nach dem Ersten Weltkrieg gegen die Assimilation von Juden und Jüdinnen gehetzt und Ausnahmegesetze befürwortet hatte;[16] etwa die Errichtung eigener „jüdischer" Schulen für „jüdische" Kinder sowie eine Beschränkung des Anteils der „Juden" an Mittleren und Höheren Schulen.[17] Die Christlichsoziale Partei, so heißt es zunächst in dem Kommentar, sei die „bodenständige Partei der christlichen Deutschen Österreichs [...], aus dem heimischen Volkstum herausgewachsen", bekenne sie sich „offen und rückhaltlos zum Gesamtdeutschtum, mit dem die österreichischen Deutschen nicht nur durch die Blutsverwandtschaft, sondern auch durch eine tausendjährige Geschichte und durch die Gemeinsamkeit von Sprache und Kultur unzerreißbar sich verbunden" fühlen. Sie fordere daher „die Pflege deutscher Art", die zugleich auch „Volkstumspflege" bedeute, „Erziehung zum opferfreudigen Dienst an der Gesamtheit" sowie „freiwillige Ein- und Unterordnung". „Pflege deutscher Art", aber, so heißt es weiter, schließe „in sich die Abwehr undeutscher und unchristlicher Einflüsse" ein, weshalb die Christlichsoziale Partei „die Übermacht des zersetzenden jüdischen Einflusses auf geistigem und wirtschaftlichem Gebiete" bekämpfe. Daher habe das christliche Volk das Recht, sich vor der „übermächtigen Konkurrenz zu schützen, [...] „ein schärferer Antisemitismus" sei daher „durchaus erlaubt und begründet."[18] In Abgrenzung zu den Nationalsozialisten erteilt Schmitz jedoch dem „gewalttätigen und Rassenantisemitismus" eine scharfe Absage, was freilich auch das „Gesetz christlicher Gerechtigkeit und das Gebot christlicher Liebe" fordere.

Schmitz' Schrift ist nicht allein deshalb bemerkenswert, weil von ihm nur wenig später unter der Regierung Dollfuß die stärksten Impulse zur Umgestaltung des österreichischen Schulwesens ausgingen, sondern vor allem, weil hier, im Rahmen einer parteioffiziellen Kommentierung der Antisemitismus, als der christlichen Überzeugung immanent, offen legitimiert und sogar gefördert wird. Fand der Judenhaß im österreichischen Ständestaat auch nicht unmittelbaren Eingang in das politische Programm, so war er doch unzweifelhaft in der Ideologie des christlichsozialen Regierungskurses und seiner Repräsentanten ständig virulent. Von offizieller Seite gefördert und vielfach geduldet, jedenfalls von staatli-

---

16 Vgl.: Anton Staudinger: „Christlichsoziale Judenpolitik in der Gründungsphase der österreichischen Republik", in: *Jahrbuch für Zeitgeschichte 1978.* Hg. v. d. Österreichischen Gesellschaft für Zeitgeschichte. Wien 1978, S. 11–48
17 Ebd., S. 33
18 Das christlichsoziale Parteiprogramm, mit Erläuterungen von R. Schmitz. Wien 1932, S. 69

cher Seite kaum exekutiert, nahm die antisemitische Diskriminierung solche Ausmaße an, daß sich die Regierung der Vereinigten Staaten bzw. der Vorsitzende des Jüdischen Weltkongresses Nahum Goldmann genötigt sahen, im November 1934 bei Mussolini für die Juden Österreichs vorzusprechen.[19]

So trugen auch die klerikalfaschistischen „Reformen" der Schulorganisation die Handschrift der kämpferischen Christlichsozialen Partei und stützten sich auf deren Richtlinien aus dem Jahr 1927: Im Sinne der ständestaatlichen Verfassung begünstigte die neue Verordnung vom März 1933 eine verstärkte Elitebildung in der Schule, d. h. Unterschiede in der individuellen Begabung wurden im wesentlichen als biologisch festgelegt und insofern als unveränderbar begriffen. Die ideologischen Konsequenzen zeigten sich in einer strikten Trennung von Haupt- und Mittelschule; um in die Hauptschule überzuwechseln, reichte nun nicht mehr die erfolgreiche Absolvierung der Volksschulunterstufe, sondern man mußte auch noch für den Aufstieg „als reif erklärt" werden. Dadurch erfuhr dieser Schultyp eine deutliche Aufwertung, und wurde zu einer „Art mittleren Eliteschule" umfunktioniert.[20] Indem die „Austrofaschisten" aber diesen Schultyp forcierten, nahmen sie in gewisser Weise vorweg, was später von den Nationalsozialisten als „Revolutionierung" des gesamten Schulwesens geplant war und zu Hitlers Lieblingsprojekten gehörte: die Einführung der vierjährigen österreichischen Hauptschule im gesamten Reichsgebiet an Stelle der sechsjährigen Mittelschule. Der Plan stammte aus dem Jahr 1940 und intendierte, breiten Schichten der ländlichen Bevölkerung Aufstiegschancen bis in den Hochschulbereich zu eröffnen, sowie der Partei mittlere Führungskader zuzuführen. Daß dieses Vorhaben nicht realisiert werden konnte, war dem Eroberungskrieg der Nationalsozialisten zuzuschreiben, der zu diesem Zeitpunkt keine Reformen im Schulbetrieb mehr zuließ.[21]

Parallel dazu wurde gemäß der von Klerikalfaschisten forcierten geschlechtsspezifischen Theorie über die „weibliche Eigenart" die Zulassung von Mädchen zu den Knabenmittelschulen – eine Errungenschaft der Glöckelschen Schulreform, die gleich nach dem Ersten Weltkrieg durchgesetzt worden war – „auf nicht zu vermeidende Ausnahmefälle" beschränkt – eine Maßnahme, insofern von einschneidender Bedeutung, als öffentliche Mädchenmittelschulen in Österreich nicht existierten. Die tendenzielle Aufhebung der Koedukation hatte zur Folge, daß Mädchen nicht nur fortan auf private Mittelschulen, unter denen Anstalten

---

19 Herbert Rosenkranz: *Verfolgung und Selbstbehauptung. Die Juden in Österreich 1938–1945.* Wien/München 1978, S. 14
20 Wolfgang Sorgo: *Autoritärer „Ständestaat" und Schulpolitik 1933–1938*, phil. Diss. Wien 1978, S. 64ff.; Dachs 1982 (Anm. 12), S. 261ff.
21 Wolfgang Keim: *Erziehung unter der Nazidiktatur. Antidemokratische Potentiale, Machtantritt und Machtdurchsetzung.* Bd. 2, Darmstadt 1997, S. 40f.

der katholischen Kirche dominierten, angewiesen waren, sie wirkte aufgrund des Schulgeldes zugleich auch als soziale Schranke.[22]

Als die Polizei am Vormittag des 13. Februar 1934, kurz nach der blutigen Niederschlagung des Arbeiteraufstandes, den ehemaligen stellvertretenden geschäftsführenden Präsidenten des Wiener Stadtschulrats Otto Glöckel in seinem Arbeitszimmer verhaftete und wenig später in das Anhaltelager Wöllersdorf überstellte, als führende Beamte und Inspektoren der Wiener Schulverwaltung, u. a. Hans Fischl, Karl Furtmüller und Viktor Fadrus, aus ihren Ämtern entlassen wurden, zeichnete auch dafür Richard Schmitz verantwortlich, dem als neu ernannten Bundeskommissär sämtliche Schulbelange Wiens unterstanden. Unter seiner Ägide wurde im Erziehungsbereich „der Schulmarxismus", d. h. die gesamte sozialdemokratische Opposition, sowie jene, die mit ihr sympathisierten, also auch Leiter von Volks-, Haupt- und Mittelschulen, eliminiert.

Infolge der ersten „Vertreibung", von der Heinz Kienzl eingangs sprach, wurden allein in Wien 102 der insgesamt 500 Direktoren entlassen. Selbst definitiv angestellte Lehrer hatten Disziplinierungsmaßnahmen zu fürchten: Sie konnten ohne Rücksicht auf Dienstfähigkeit und Dienstzeit von Schmitz in den dauernden Ruhestand versetzt werden.[23] „Auf keinem Gebiete", schrieb die *Reichspost*, „hat die fünfzehnjährige Marxistentyrannei ärgeres Unheil angerichtet, als im Schulwesen [...]. Vor dem Strafgericht, das die rote Revolte über den Austromarxismus gebracht hat, kann am allerwenigsten der Schulmarxismus verschont bleiben. Denn hier, auf dem Gebiet des Schulwesens, ist der Grundstein zu legen für das neue Österreich, wenn es Bestand haben soll, wenn es ein ewiges Österreich werden soll."[24]

Dieses „Strafgericht" sollte innerhalb eines Jahres das Schulwesen grundlegend verändern. Georg Stefan Troller, der damals das Cottage-Gymnasium besuchte, erinnert sich an diese pädagogische Atmosphäre, die von Blut- und Boden-Ideologie, Intellektuellenfeindlichkeit, nationalistischem Schwulst und antisemitischem Ressentiment durchsetzt war: „Die Vaterländer zogen in die Schulen ein, jeder war gezwungen, das rotweiße Schülerabzeichen anzustecken, ob er daran glaubte oder nicht. Auf der Schultreppe wurde ein Kriegerdenkmal eingeweiht, von Zeichenlehrer Peche in heroischem Art Deco entworfen. Im Radio nichts wie zackige Ansprachen, die nur so wimmelten von Heimat und Erde, Volkstum, Brauchtum und Soldatentum, verkörpert in den Kaiserjägern und Standschützen des letzten Weltkrieges. Denn irgendwas dergleichen wollte Doll-

---

22 Sorgo 1978 (Anm. 20), S. 104ff.; Hans Fischl: *Schulreform Demokratie und Österreich 1918–1950*. Wien 1950, S. 83
23 Dachs 1982 (Anm. 12), S. 260
24 *Reichspost*, 19. Februar 1934, S. 1

fuß gewesen sein, der sich jetzt Frontführer nannte [...], da war es zum anderen Führer nicht mehr weit. Auch der selige Karl Lueger war wieder groß im Rennen, ein geschickter Bürgermeister, aber ein gefährlicher Demagoge. Bei einer Lueger-Feier tönte unser Schuldirektor: ,Er wirkte im echt antisemitischen Geiste', und die jüdischen Schüler mußten diesen Geist herunterwürgen und kuschen [...]. Schon gab es wöchentlichen Schießunterricht im Schulkeller, auf Zielscheiben, die feindliche Soldaten markierten. ,Zack ins Gekröse!' kommandierte Turnlehrer Schattera und schwärmte blutrünstig von den Karpatenschlachten, die er mitgemacht haben wollte. Sonntags schleppten wir uns auf Gepäckmärsche mit Sandsäcken auf dem Rücken, wie drüben die HJ. Man wurde getrimmt und ertüchtigt bis dahinaus, wer nicht standhalten konnte, galt als ,Plattfüßler', ein Ehrentitel, der bislang eigentlich für Juden reserviert war. Wir würden es denen im Reich schon zeigen!"[25]

Lehrer als „Sturmtruppe" und „stählerner Brustschild"

Wenn immer wieder betont wurde, der „Weg zum neuen Staat beginnt in der Schule", so waren es in erster Linie die Lehrer, die dieser „fundamentale(n) Erneuerungsaufgabe" Österreichs nachzukommen und „die jungen Menschen zu bewußter Verkörperung und Dienern dieses erneuerten religionsdurchseelten Staatswesens zu erziehen hatten."[26] Mit der politischen Aufwertung der Schule wurden auch sie zu neuen Hoffnungsträgern, denen es fortan oblag, dem „bewußt gepflegten, schrankenlosen Subjektivismus des Kindes und der ebenso bewußt geschaffenen Autoritätslosigkeit des Lehrers, dem Untergraben jeder Ehrfurcht vor dem geschichtlich Gewordenen, dem betonten Materialismus, der Verneinung objektiver, überzeitlicher Werte, dem Schwund des Heimat- und Volksbewußtseins, der Vaterlandslosigkeit und Entgottung der kindlichen und jugendlichen Herzen"[27] usw. ein für allemal ein Ende zu bereiten. Wer all dies zu verantworten hatte, war offensichtlich: die „marxistischen Schulreformer" und die von ihnen geschaffenen Möglichkeiten der Emanzipation.

In gewisser Weise war es freilich paradox, daß parallel zur ideologischen Aufwertung der Lehrer deren wirtschaftliche und berufliche Situation ab dem Frühjahr 1933 zunehmend prekär wurde. Die Einsparungen im Unterrichts- und Erziehungsbereich wurden aufgrund der katastrophalen wirtschaftlichen Verhält-

---

25 Georg Stefan Troller: *Selbstbeschreibung*. Hamburg 1988, S. 51f.

26 Viktor Frankl: „Die Gegenwart von Kirche und Staat in der neugestalteten österreichischen Schule", in: *Österreichische Pädagogische Warte*, 29. Jg./ 3, 1934, S. 58

27 Vgl. Anton Simonic: „Die österreichische Schule", in: *Die österreichische Schule*. Wien 1934, Nr. 4, S. 155

nisse rigoros durchgesetzt und dienten zugleich der Einschüchterung und Disziplinierung oppositioneller, kritischer Pädagogen. So unterschiedlich die Methoden und Maßnahmen auch waren, in irgendeiner Form war jeder Beamte von dem restriktiven Vorgehen der Behörde betroffen: Gehalts- und Rentenkürzungen, Ausdehnung der Lehrverpflichtung bei gleichbleibendem Gehalt, Auflösung von Klassen und damit verbundene Erhöhung der Schülerzahlen pro Klasse, Sperre der Gehaltsvorrückung, frühzeitige Pensionierung auf freiwilliger Basis, teilweise oder völlige Aufhebung der Pragmatisierung und schließlich der gefürchtete Zwangsabbau,[28] wie etwa die erwähnte Entlassung der 102 Direktoren, die allerdings eine eindeutige politische Maßregelung darstellte. Nach 1934 kam dann die Möglichkeit der Versetzung als weitere Strafmaßnahme hinzu.

Zwei große politische Standesorganisationen existierten im autoritären „Ständestaat", der die Mehrzahl der Lehrer nach dem Verbot der Sozialdemokratie im Februar 1934 angehörten: Hatte das klerikale Regime im Schulbereich in der katholischen Lehrerschaft seinen verläßlichsten Bündnispartner, so standen die deutschnational gesinnten Lehrer keinesfalls in offener Opposition zu dem Regime, sondern beugten sich vielmehr dem Druck der Verhältnisse und paßten sich an. Wenn sie davon sprachen, daß die Schule „im Dienst [...] der Volksgemeinschaft" stehe und sie im Staat den „Hüter des gesamten völkischen Kulturgutes"[29] sahen, so unterschieden sie sich in ihren offiziellen Publikationen inhaltlich kaum von den Christlichsozialen; es blieb nur offen, wer mit dem „Staat" denn nun wirklich gemeint sei, ob es sich dabei um Österreich oder um das Deutsche Reich handle. Herbert Dachs, der für sein Buch *Schule und Politik* deutschnationale und katholische Lehrerzeitungen durchgesehen hat, um zumindest tendenzielle Rückschlüsse auf deren politische Positionen ziehen zu können, kommt zu dem Schluß, daß die Anpassung und vorläufige „politische Unterlegenheit der deutschnationalen, großteils insgeheim mit dem Nationalsozialismus sympathisierenden Lehrer es als günstig erscheinen (ließen), von einer zu weit gehenden Konkretisierung ihrer politischen Positionen zunächst noch abzusehen."[30] Tatsächlich aber war es für die Deutschnationalen gar nicht so einfach, den nationalistisch-militärischen Ton zu überbieten, der bei katholischen Lehrern durchaus üblich war: „Vaterland sieh' dich vor! Der stählerne Brustschild deiner geistigen Wehrhaftmachung sind deine Lehrer. Rüste sie, stütze sie, mache sie zu deinem Herold, Arm und Schild bis ins letzte Dorf, indem du sie voll gerüstet, gefeit an Herz und Geist, in die Front stellst. Sonst wäre es von gar manchem ,Zu spät!'

---

28 Vgl. Dachs 1982 (Anm. 12), S. 301
29 „Berichte über die Hauptversammlung des Wiener Lehrervereins", in: *Wiener Lehrerzeitung*, Nr. 16 (1934), 3, S. 24
30 Dachs 1982 (Anm. 12), S. 368

eines der verhängnisvollsten, denn hinter der gleichgeschalteten Oberfläche ist der Feind nicht müßig."[31]

Nicht ganz so plump agitatorisch äußerte sich ein anderer, begeisterter Befürworter des autoritären Ständestaats: Viktor Frankl, späterer Begründer der Logotherapie bzw. der Existenzanalyse, der damals als Lehrer an einer Arbeitermittelschule beschäftigt war, polemisierte ebenfalls in mehreren Artikeln der *Pädagogischen Warte,* einem Organ der katholischen Lehrerschaft, gegen „die marxistisch-sozialistischen" Tendenzen der Glöckelschen Schulreform, die den jungen Menschen statt „zum Dienst an Staat und Kirche [...] zum ‚Menschen überhaupt', zum allgemeinvernünftigen Individuum – d. h. zum Privatmenschen" erziehe. Auf diese „kultur- und traditionszerstörenden Tendenzen" müsse ein „radikaler Umschwung" folgen, und zwar „eine Erneuerung der anti-individualistischen, ganzheitlichen staatsautoritären Gesichtspunkte". Der Unterricht habe „die katholische Kirche und den österreichischen Staat" zu verkörpern, und „nicht eine abstrakte allgemein menschliche Rationalität, nicht Menschen überhaupt – oder gar ‚Klasse', internationales Proletariat –, sondern eine charakterologisch besondere, geschichtlich konkrete Ausprägung menschlichen Daseins: eben das Wesen Österreichs; und das universale und geistig-übersinnliche, aber nichtsdestoweniger zu geschichtlicher Eigenart geprägte Wesen der allgemeinen Kirche und ihres Hauptes, des vollendeten Christus; nicht also das atomhafte Individuum und seine Autarkie, mit seiner Bindungslosigkeit und Vereinzelung im Nebeneinander des sozialen Raumes und im Nacheinander der geschichtlichen Zeit, sondern das Leben der Ganzheiten: kirchentreue Religion und staatspositive Politik."[32]

Bemerkenswert sind diese Ausführungen aus mehreren Gründen: Indem Frankl gegen die „abstrakte Rationalität" polemisiert, setzt er sich über sämtliche Errungenschaften der Aufklärung hinweg; Aufklärung und Liberalismus gelten ihm überhaupt als die Wurzel allen Übels, vor allem weil darin die Religion entschieden zur Privatsache erklärt wurde. Deshalb auch sein Ressentiment gegenüber dem Intellektuellen, den er als „einen psychologischen Menschentypus" definiert, dessen „Einstellung zum Leben durch eine gewisse Hypertrophie, ein Überwuchern der Denkfunktionen allgemein charakterisiert (ist)."[33] Kurios ist zudem, daß Frankl, der das „atomhafte Individuum" zugunsten eines autoritären Kollektivs strikt ablehnt, sich zugleich gegen Alfred Adlers „Theorie des Machtwillens" wendet, dessen Auffassung des Gemeinschaftsgefühls er buchstäblich

31 *Österreichische Pädagogische Warte,* Oktober 1936, 31. Jg., Folge 10, S. 259
32 Frankl 1934 (Anm. 26), S. 58f.
33 Viktor Frankl: „Zur Psychologie des Intellektualismus", in: *Internationale Zeitschrift für Individualpsychologie,* Nr. 3, 1926, S. 326–333

auf die Spitze treibt. Wenn er an anderer Stelle das Wesen des Staates „als Verkörperung des Werdegangs und kulturellen Wirkens einer Volksgemeinschaft"[34] begreift und das Kulturelle betont, so hat das damit zu tun, daß er sich als Jude von der Volksgemeinschaft der Nationalsozialisten abzugrenzen versuchte. Frankls Befürwortung „staatsautoritärer Gesichtspunkte", „staatspositiver Politik", der „grundwesentliche(n) Bedeutung des Führertums"[35] sowie seine Vorstellungen von einer Schule, die die jungen Menschen zu „Dienern" des Staatswesens und zur Opferbereitschaft zu erziehen habe, zeigen seine klerikalfaschistische Gesinnung, die den Nationalsozialisten den Weg ebnen half.[36]

Was die Mittelschullehrer betrifft, so waren sie bereits im Mai 1934 gleichsam geschlossen der Vaterländischen Front beigetreten und hatten damit ihre besondere Loyalität zum österreichischen Staat bekundet. Eine Opposition sozialdemokratischer Lehrer hatte sich hier ebensowenig formiert wie in anderen Berufsbereichen, was im konkreten Fall auch damit zusammenhängt, daß die Mitgliedschaft in der Vaterländischen Front bei Staatsbeamten gleichsam auf „freiwilligem Zwang" beruhte, bzw. die Weigerung, ihr beizutreten, de facto ein Berufsverbot nach sich gezogen hätte. Interessant und bezeichnend für einige sozialdemokratische Reformer ist der Umstand, daß sie zwar im Katholizismus und in der Forcierung sittlich-religiöser Erziehung eine reale Gefahr erkannten und sie definitiv ablehnten, sich in der Frage der vaterländisch-nationalen Erziehung aber durchaus versöhnlich und sogar verhandlungsbereit zeigten; selbst einer der engsten Mitarbeiter Glöckels, Karl Furtmüller, und wohl auch andere Schulreformer waren, noch kurz bevor sie selbst von dem autoritären Regime ausgeschaltet wurden, unter bestimmten Bedingungen bereit, an dem neuen vaterländischen Erziehungsauftrag mitzuwirken, sofern die nationale Erziehung nicht im Widerspruch zur staatsbürgerlichen stünde.[37] Der „Sinn der Eigenstaatlichkeit des österreichischen Teiles des deutschen Volkes", schreibt Furtmüller, kann nämlich nur der sein, „daß der österreichische Stamm in seiner staatlichen Selbständigkeit ein Diener, Bewahrer und Fortführer der deutschen Kultur sein will, der gesamtdeutschen Kultur in seiner Mannigfaltigkeit und auch in ihren Gegensätzen, die in freiem geistigen Ringen letzten Endes doch einem gemeinsamen Ziel zustreben. Gerade das nationale Empfinden des Österreichers, das den Ge-

---

34 Ebd., S. 57; siehe auch: Viktor Frankl: „Gesamtvolkserziehung", in: *Österreichische Pädagogische Warte*, 29. Jg., Folge 7, S. 164–166; Frankl 1934 (Anm. 26), S. 58–61
35 Frankl 1934 (Anm. 26), S. 60
36 Vgl. Timothy Pytell: *Viktor Frankl. Das Ende eines Mythos?* Innsbruck/Wien/Bozen 2005. Darin stellt der Autor Viktor Frankl und seine Logotherapie im Kontext des Nationalsozialismus dar und untersucht unter anderem seine fragwürdigen medizinischen Forschungen am Wiener Rothschildspital.
37 Dachs 1982 (Anm. 12), S. 249

gensatz politischer und weltanschaulicher Gesinnung nicht als Hindernis der nationalen Gemeinschaft betrachtet, gibt dem österreichischen Gemeinwesen in dem gegenwärtigen geschichtlichen Augenblick seine besondere Aufgabe und Bedeutung für die Nation, dann aber auch für die Menschheit."[38] Dieses Abgleiten in den nationalistischen Diskurs war nicht wirklich neu, sieht man von der besonderen Betonung der deutschen Kultur ab. Bereits in den zwanziger Jahren waren sozialdemokratische Pädagogen bestrebt gewesen, gesinnungstreue Staatsbürger heranzubilden. Wenn in der politischen Erziehung neben der Demokratisierung, die Staatsform und Gesinnung gleichermaßen umfaßte, „Bodenständigkeit (Treue zur Scholle), Nationalerziehung (massives Plädoyer für Pflege des nationalen Denkens und Fühlens) und Pflichterfüllung"[39] auf der obersten Stufe der Skala ihrer Erziehungsziele in den Lehrplänen rangierten, so verwundert es nicht, daß die Sozialdemokraten gerade in der nationalen Frage dem autoritären Regime kaum etwas entgegenzusetzen vermochten.

1936 vollzog sich der entscheidende politische Bruch; schon im Mai stand in den Zeitungen zu lesen, daß Bundeskanzler Kurt Schuschnigg die Vaterländische Front umorganisiere, Heimwehrführer Starhemberg zurücktrete, und daß Italien dessen Ausscheiden aus der Regierung bedaure. Schuschnigg selbst übernahm das Außenministerium und die Führung der Vaterländischen Front, neuer Unterrichtsminister wurde Hans Pernter. Durch seine Annäherung an das Deutsche Reich hatte sich das faschistische Italien seiner Rolle als Schutzmacht Österreichs entledigt, und nur zwei Monate später, am 11. Juli, unterzeichnete schließlich der Bundeskanzler mit Hitler das Abkommen bzw. dessen geheimes Zusatzprotokoll, in dem er der permanenten politischen Einmischung Deutschlands zustimmte. Hatte sich das autoritäre Regime bis 1936 in einer Art Zwitterstellung zwischen dem italienischen Faschismus und dem Nationalsozialismus befunden, so waren ab diesem Zeitpunkt die Weichen für den Nationalsozialismus gestellt. Österreichs Regierung war fortan verpflichtet, jegliche Propaganda gegen den Nationalsozialismus zu unterdrücken und die österreichischen Nationalsozialisten, die sogenannte nationale Opposition, in die Regierung aufzunehmen. Die finanziellen Unterstützungen aus dem Deutschen Reich für die illegale NSDAP und ihre Anhänger in Österreich waren schon ab 1934 reichlich geflossen; bis 1938 betrugen sie über 10 Millionen Schilling damaliger Kaufkraft und konnten unbemerkt von den österreichischen Polizeibehörden über die Grenze transferiert werden.[40]

---

38 Karl Furtmüller: „Vaterländische Erziehung", in: *Schulreform*, XIII. Jg., Heft 2, Wien/Leipzig 1934, S. 89
39 Dachs 1982 (Anm. 12), S. 210
40 Karl Stuhlpfarrer: „Faschistische Außenpolitik – ihre Rahmenbedingungen und ihre Auswirkungen", in: *Austrofaschismus*. Wien 1988, S. 279f.

Von den Folgen dieser politischen Konstellation konnten freilich auch die Verhältnisse in der Schule nicht verschont bleiben. Illegale nationalsozialistische Schülergruppen traten nun offensiver hervor, vielfach unterstützt von gleichgesinnten Lehrern. Auffallend ist auch hier wieder die ständige Zunahme von nationalsozialistischen Sympathisanten besonders unter Mittelschülern. In den Jahresberichten der Schulen ist nachzulesen, worauf Heinz Kienzl schon eingangs hingewiesen hat: 1936/37 waren illegale politische Jugendgruppen, die der HJ angehörten, in der Öffentlichkeit überall präsent. Die sogenannte Erziehung zur Wehrhaftigkeit, die seit 1935 in den Lehrplänen verpflichtend festgeschrieben war – eine Maßnahme, die Schüler auf die Verteidigung des sogenannten Vaterlandes vorbereiten sollte – war sowohl in Teilen der Jugend als auch der Lehrerschaft auf großen Widerhall gestoßen. Feiern, Appelle, Sportfeste, vormilitärische Übungen und Aufmärsche sollten das Gemeinschaftsgefühl stärken und die Jugend zur Hingabe an ein christliches, deutsches und freies Österreich sowie zur willigen Einordnung und Pflichterfüllung erziehen. „Am 1. Mai 1935", erinnert sich Ari Rath, „mußten sämtliche Haupt- und Mittelschüler Wiens, auch die der Judenklassen,[41] im großen Stadion im Prater zu einer riesigen Solidaritätskundgebung antreten. Etliche Wochen vorher wurde in jeder Klasse das neue ‚Dollfußlied' gelernt, das dann aus vielen tausend Kehlen im Stadion erklang. Zur gleichen Zeit gab es Aufmärsche der verschiedenen ‚Stände' des neuen österreichischen Ständestaates, um verbotenen 1. Mai-Umzügen vorzubeugen."[42]

Vormilitärische Erziehung als Unterrichtsprinzip schlug sich nicht allein in Aufmärschen, in der Aufwertung der Leibesübungen, dem Turnunterricht, nieder, sie sollte durchgängig in allen Gegenständen gelehrt werden. Ergänzend wurde ab dem Schuljahr 1937 auch noch eine Schießausbildung in den beiden oberen Klassen der mittleren Lehranstalten eingeführt.[43] „Es hat da", erinnert sich ein jüdischer Schüler aus dem BRG 18, „einen vormilitärischen Unterricht gegeben, damals in der Schuschniggzeit für die Schüler, den hat der Turnprofessor geleitet. Der war schon Nazi. [...] Und warum weiß ich nicht, aber jedenfalls hat er mich im Rahmen dieser vormilitärischen Übungen zum Kommandanten von irgendeiner Gruppe von acht Leuten gemacht, die Funkverbindungen herstellen sollte, das Ganze war ein Kasperltheater. [...] Das war obligatorisch, so wie der Turnunterricht oder Musik. Das war, glaube ich, jede Woche zwei bis drei Stunden oder so etwas. Sehr ernst hat es niemand genommen, aber jeder hat ein Gewehr gehabt, aber keine scharfe Munition. Und man hat Schießübungen veranstaltet. [...] Der

---

41 Vgl. dazu das Kapitel *Schulghetto im „Ständestaat"* in diesem Buch.
42 Ari Rath: „Autobiographie", in: *Vertreibung und Neubeginn. Israelische Bürger österreichischer Herkunft.* Hg. v. Erika Weinzierl und Otto D. Kulka, Wien/Köln/ Weimar 1992, S. 515f.
43 Ministerialverordnungsblatt 1937, Nr. 138, S. 105f.

Turnprofessor hat das nicht zur Schikane gemacht, dem war das in Wirklichkeit auch egal."[44] „Bei der Übung mit den Gasmasken", schreibt der Maler Ernst Eisenmayer, „mußten wir im Schulhof im Kreis herumlaufen. Da es nicht leicht war durch die enganliegende Maske zu atmen kam ich arg ins Schwitzen. Unsere Nazikollegen nahmen die Unbequemlichkeiten mit Begeisterung hin und liefen länger als nötig, mit roten Köpfen und schwer atmend, stolz auf ihre militärische Ausdauer und ihr mutiges Verhalten. Noch nicht todes- nur schweißverachtend."[45] Für diese „Nazikollegen" aber waren solche Übungen blutiger Ernst: „Ich war vielleicht fünf Monate auf dem Schopenhauer-Gymnasium, als der erste Übungsmarsch fällig war. Wir verließen die Schule in relativ geordneten Marschkolonnen unter dem Kommando unseres Turnlehrers. Er war ein drahtiger, kleiner Bursche mit kurz geschnittenen blonden Haaren. Robust im Benehmen, Aussehen und Verhalten, schien er der perfekte Nazi zu sein. Nachdem wir ein paar Stunden marschiert waren, befahl er uns militärische Lieder zu singen. So weit so gut. Es war angenehm, in der frischen Luft zu sein, und ich spielte ohnehin gern Soldat. Plötzlich bemerkte ich, daß unsere ‚rassisch saubere' Parallelklasse[46] aus voller Kehle und mit Leibeskräften den Refrain des SA-Liedes brüllte: ‚Wenn das Judenblut vom Messer spritzt'."[47] Clare ging am nächsten Tag zum Direktor, um sich zu beschweren, worauf der ihn buchstäblich aus der Schule warf. Erst einer Intervention seines Onkel, eines Regierungsrates, der dem Schulleiter mit einer polizeilichen Untersuchung über die politischen Verbindungen des Lehrkörpers der Schule drohte, war es zu danken, daß er das Schuljahr überhaupt beenden konnte.

Diese offizielle vormilitärische Erziehung fand ihre Ergänzung in illegalen Organisationen, wie etwa dem Bund Deutscher Mädchen: „Unmittelbar vor dem Umbruch", ist im Jahresbericht der Hietzinger Mädchenmittelschule von 1937/38 stolz vermerkt, „gehörten ihm 27 unserer Schülerinnen an. Die Arbeit in dieser Vereinigung war mit großen Schwierigkeiten verbunden. In einem Kellerlokal fanden die Heimabende statt. Aufgestellte Posten mußten dafür sorgen, daß die Mädchen ihre Abende ungestört abhalten konnten. Häufig mußten diese Heimabende abgesagt werden, da ‚Kiberer' [Polizei; R.G.] Wind bekommen hatten und das Haus, in dem sich das Heim befand, bewachten. Ganz besonders schwierig war die Beschaffung der nötigen Bücher und Zeitschriften, die in den Heimabenden gelesen und besprochen werden sollten und die unter Gefahren ins Heim

---

44 Gespräch mit Kurt Kirszen, zit. n. Banu Kurtulan: *Zur Geschichte der jüdischen Schüler des RG 18, 1938*. Fachbereichsarbeit aus Geschichte BRG 18, 1994, Wien 1994, S. 22
45 Ernst Eisenmayer: *Am Mittelpunkt der Welt*. Unveröff. Manuskript, Wien 1994, S. 58
46 Offenkundig gab es auch an dieser Schule sogenannte Judenklassen.
47 George Clare: *Letzter Walzer in Wien*, Wien 2001, S. 57f.

gebracht und dort versteckt wurden. [...] Die Führerin hielt Vorträge über bestimmte Kapitel aus der deutschen Geschichte, Rassenkunde u. a. m., an die sich eine Wechselrede anschloß. [...] Auch auf sportliche Betätigung legte man großen Wert [...]. Während der Weihnachtsfeier wurde auch ein Winterlager abgehalten. [...] Ja, sogar an Führerlagern mit regelrechter Schulung nahm unsere Jugend teil [...]. Fast noch mehr betätigten sich in der Verbotszeit die Zehn- bis Vierzehnjährigen, die ‚Jungmädel‘. Auch sie hatten ihre regelmäßigen Heimabende und Lager. Ihre Verschwiegenheit, Kameradschaftlichkeit und Gesinnungstreue muß bei so jungen Kindern besonders anerkannt werden.“[48]

Bereits für die Periode kurz nach der Ausschaltung der parlamentarischen Demokratie vermutet Herbert Dachs bei einem Teil der Wiener Lehrer eine „Revanchestimmung gegen die ‚Judäo-Marxisten‘,“ und konstatiert einen gelegentlich „antisemitischen Zug“[49] in den Zeitschriften der Lehrer. Ekelhaft und zynisch etwa ist die Klage eines Lehrers in der Wiener Lehrerzeitung, daß „auch mehrere polnische Juden zur Befähigungsprüfung für Hauptschulen“[50] angetreten seien. Voll antisemitischen Ressentiments auch der Vorwurf an die Wiener Schulverwaltung, sie habe Konfessionslose und Juden bei der Anstellung bevorzugt und in einer katholischen Lehrerzeitung warb man offen für einen „vernünftigen Antisemitismus“. Der Rassenantisemitismus der Nationalsozialisten wurde zwar zunächst noch zurückgewiesen, dafür zeigte man sich um so einiger in der Ablehnung des „zersetzenden und alles vergiftenden jüdischen internationalen Weltgeist“ und plädierte für einen „ethischen Antisemitismus“, einen „Kulturantisemitismus im weitesten Sinne des Wortes“.[51] Aus dem Hirtenbrief des damaligen Linzer Bischofs Gföller, aus dem im selben Artikel zitiert wird, erfährt man Konkreteres: „Das entartete Judentum im Bunde mit der Weltfreimaurerei ist auch vorwiegend Träger des mammonistischen Kapitals und vorwiegend Begründer und Apostel des Sozialismus und Kommunismus, der Vorboten und Schrittmacher des Bolschewismus. Diesen schädlichen Einfluß des Judentums zu bekämpfen und zu brechen, ist nicht nur gutes Recht, sondern strenge Gewissenspflicht eines jeden überzeugten Christen, und es wäre nur zu wünschen, daß auf arischer und auch auf christlicher Seite diese Gefahren und Schädigungen durch den jüdischen Geist noch mehr gewürdigt, noch nachhaltiger bekämpft und nicht offen oder versteckt, gar nachgeahmt oder gefördert würden.“[52] Genau betrachtet war dieser Hirtenbrief ein offener Aufruf, Jüdinnen und Juden offensiv zu bekämpfen.

---

48 Jahresbericht des öffentlichen Mädchenrealgymnasiums und der Frauenoberschule des Vereins Hietzinger Mädchenmittelschule, Schuljahr 1937/38, S. 9f.
49 Dachs 1982 (Anm. 12), S. 245
50 *Wiener Lehrerzeitung*, 1. Dezember 1933, 15. Jg., Nr. 11, S. 79
51 Dachs 1982 (Anm. 12), S. 244
52 *Österreichische Pädagogische Warte*, Nr. 28, (1933) 7, S. 168

In diesem antisemitischen Klima war es wenig verwunderlich, wenn Leopold Kuntschak, Gründer des Christlichen Arbeitervereins und nach 1945 Präsident des Nationalrates, nur kurz nachdem im Deutschen Reich die „Nürnberger Gesetze" in Kraft traten, einen von ihm bereits im Jahr 1919 verfaßten Gesetzesentwurf veröffentlichte, der die „Juden" in Österreich unter Sondergesetze stellen sollte: Geplant war demnach, „die jüdische Nation" als nationale Minderheit vom „deutschen Mehrheitsvolk" zu trennen; einen Numerus clausus für den öffentlichen Dienst einzuführen, für bestimmte akademische Berufe und Wirtschaftsunternehmungen den Zugang für Juden auf deren Anteil an der Gesamtbevölkerung zu beschränken sowie ihnen im politischen Bereich eigene Vertretungskörper zuzuweisen; in § 11 wird sodann „die Möglichkeit der Errichtung jüdischer Schulen durch die Juden selbst" festgehalten; weiters sei der Besuch öffentlicher Schulen nur zugelassen, falls „nicht durch gleichberechtigte (jüdische) Schulen [...] vorgesorgt" sei.[53]

Bekanntlich wurde dieser Gesetzesentwurf nicht verwirklicht; so weit wollten die Klerikalfaschisten den Nationalsozialisten denn doch nicht entgegenkommen. Daß der Entwurf jedoch in der Öffentlichkeit publik gemacht werden konnte, zeigt die unverhohlene Duldung des Regimes gegenüber antisemitischer Agitation.

Angesichts dieser antisemitischen Ressentiments verwundert es nicht, daß damals kein Jude in den öffentlichen Schul- oder Beamtendienst aufgenommen wurde.[54] Stella Klein-Löw, die 1933 eine Stelle im Schuldienst suchte, erinnert sich, daß alle Versuche, „des Stadtschulrates, mir – einer Jüdin und Sozialistin – eine halbe oder volle Stelle zu verschaffen", gescheitert waren. „Trotz meiner ausgezeichneten Prüfungszeugnisse, trotz meines mit Glanz abgelegten Probejahres bekam ich überall zu hören, ich sei im obligaten Dreiervorschlag an zweiter Stelle gereiht. Das bedeutete, daß mir stets jemand anderer vorgezogen wurde. Das Entscheidungsrecht hatte damals der Lehrkörper, mit dem Direktor an der Spitze, also meist Großdeutsche oder Christlichsoziale."[55] Es waren diese laufenden Maßnahmen gegen Jüdinnen und Juden, die sich, gleichsam unter der Hand und ohne rechtliche Grundlage, stillschweigend und schleichend durchsetzten und deutlich machen, wie tief der Haß in Teilen der Bürokratie ebenso wie in der Bevölkerung verankert war und ständig an Boden gewann. Das spezifisch „österreichische" bestand gewissermaßen in der gänzlichen Aussichtslosigkeit, dagegen zu protestieren oder gar rechtlich vorzugehen, weil das, was offensichtlich war,

---

53 Anton Staudinger: „Christlichsoziale Judenpolitik in der Gründungsphase der österreichischen Republik", in: *Jahrbuch für Zeitgeschichte 1978* (Anm. 16)
54 Hans Fischl: *Schulreform, Demokratie und Österreich, 1918–1950.* Wien 1950, S. 101f.
55 Stella Klein-Löw: *Erlebtes und Gedachtes.* Wien/München 1980, S. 103

einfach nicht bewiesen werden konnte, oder wie Franz Theodor Csokor bereits 1933 an Ferdinand Bruckner schrieb, „Gewiß, auf dem Papier gibt es keinen Arierparagraphen in Wien, weil sich der ja in der Praxis von selber versteht; daran ändern auch die paar Beschwichtigungsjuden nichts, die man schreiben läßt."[56] Der Antisemitismus im Ständestaat war, wenn nicht im offiziellen Programm, so doch in dessen praktizierter Ideologie ständig präsent. Die Regierung aber, die erklärte, daß Österreich der bessere deutsche Staat sei, konnte jederzeit darauf verweisen, daß sie den zahlreichen jüdischen Flüchtlingen aus dem Deutschen Reich Schutz vor Hitler gewährte. Denn während Jüdinnen und Juden dort bereits verfolgt wurden, bestand in Österreich, zumindest im kulturellen Bereich, ein gewisser Freiraum, der freilich viele Intellektuelle zu Illusionen über den Zustand dieses Staates verführen konnte.[57] So spielt etwa auch bei Franz Werfel in seiner berühmten Erzählung *Die blaßblaue Frauenhandschrift* die Möglichkeit, daß deutsche Schüler in Österreich ihre gymnasiale Ausbildung fortsetzen können, eine bedeutende Rolle.

Jedenfalls ist Alma Mahler-Werfel, die sowohl zu Schuschnigg als auch zu Unterrichtsminister Pernter gute Beziehungen unterhielt, zumindest darin zuzustimmen, daß in Österreich ein gefährlicher, schleichender Antisemitismus herrschte. „Im Juli schloß Schuschnigg mit Hitler einen Vertrag ab, löste die Heimwehr auf, entließ Starhemberg und machte eine große Menge der Unzufriedenen und plötzlich ihres Brotes Beraubten – eben die Heimwehr – automatisch zu Nazis. Antisemitismus wurde unter dem Tisch getrieben, und als ich unseren Unterrichtsminister Pernter deshalb interpellierte, antwortete er mir: ‚Um den Nazis den Wind aus den Segeln zu nehmen.'"[58]

Wie weit manche Beamte des Ministers es tatsächlich trieben und welche „Freiheiten" ihnen zugestanden wurden, zeigt ein abschließender Blick in die deutschnationalen *Mitteilungen des Salzburger Landeslehrervereins*, erschienen im Februar 1937. Es handelt sich dabei um ein ekelerregendes Hetzblatt, ein eigenes „Sonderheft" mit dem Titel *Judentum und Schule*. Das wirklich Erschreckende an diesem Machwerk ist nicht allein der Inhalt, sondern die antisemitische Energie: die Fülle an „Material" und die Akribie, mit der aufgelistet wurde, was österreichische Lehrer zu diesem Thema „lesen und beherzigen" sollten; seitenlang wird darin – versehen mit Zahlenangaben – gegen den „jüdischen Einfluß" von Lehrern, Ärzten, Rechtsanwälten, Journalisten, den „jüdischen Anteil" im Banken- und Schuhgewerbe, ja selbst unter Bäcker- und Brotfabrikanten etc. ge-

56 Franz Theodor Csokor: *Zeuge einer Zeit. Briefe aus dem Exil 1933–50*. München 1964, S. 38ff.
57 Vgl.: Gerhard Scheit / Wilhelm Swoboda: *Feindbild Gustav Mahler. Zur antisemitischen Abwehr der Moderne in Österreich*. Wien 2002, S. 70
58 Alma Mahler-Werfel: *Mein Leben*. Frankfurt/M 1976, S. 205 u. S. 214

hetzt. Wenngleich „die Juden" in dieser Schrift ausschließlich als Rasse definiert werden, die tatsächliche Konsequenz der Texte dieser Schulbeamten unterschied sich nur wenig von dem, was der Linzer Bischof vier Jahre zuvor in seinem Hirtenbrief gefordert hatte, nämlich den „schädlichen Einfluß" des „entarteten" Judentums „zu bekämpfen und zu brechen". „Insgesamt zeigt dieser kurze Bericht", so das Resümee, „wie stark die Juden Österreich in ihrer Hand haben. Klare Erkenntnis ist der erste Schritt zu einer Änderung der bestehenden untragbaren Verhältnisse. Möge darum vor allem die volksbewußte Lehrerschaft Österreichs dazu beitragen, die Jugend und durch sie über diese furchtbaren Zustände aufzuklären. Österreich ist ein deutsches Land. Deutscher Bauernfleiß hat es geschaffen. Der deutsche Handwerker, der deutsche Arbeiter hat dafür sein Bestes gegeben. Deutsche Männer haben Österreich verteidigt. Nie hat ein Jude in diesem Land einen Pflug geführt, nie wirklich mit der Hände Fleiß dafür gearbeitet, nie mit dem Einsatz seines Lebens dafür geblutet. Österreich ist daher voll und ganz unser Land. Die Juden haben kein Recht darauf. Die Zeit muß kommen, da sich Österreich von dieser Pest befreit. Zweimal in der Geschichte war Wien von einer asiatischen Macht, den Türken, umschlossen. Erst diese dritte Befreiung Wiens wird auch Österreich die Freiheit geben und ein stolzes, freies Vaterland uns und unseren Kindern werden."[59]

Gewiß, das Sonderheft *Judentum und Schule* war in Salzburg erschienen, wo der Anteil der Nationalsozialisten unter den Lehrern weitaus größer war als in Wien, wo eine solch antisemitische Lehrerzeitung vermutlich gar nicht publiziert worden wäre. Dennoch, daß diese Schrift überhaupt erscheinen konnte, macht deutlich, mit welcher Unverfrorenheit und Dreistigkeit die „Befreiung" von Jüdinnen und Juden bereits im klerikalfaschistischen „Ständestaat" auch unter Lehrern gefordert werden konnte.

Jüdische Schüler. „Man begann seine Karriere als Judenbub."

Stellt man ehemaligen Schülerinnen und Schüler die Frage, ob und in welchem Ausmaß sie während des „Austrofaschismus" mit antisemitischen Ressentiments konfrontiert gewesen sind, so antworten viele von ihnen, daß ihnen judenfeindliches Verhalten kaum oder nur sehr selten begegnet sei. Zwar war in ihren Familien der wachsende Judenhaß ein ständiges Thema, aber sie selbst seien von Anfeindungen weitgehend verschont geblieben. So berichtet Emilio Jäger, daß er während dieser Jahre „nicht viel vom Antisemitismus zu spüren" bekam, viel-

---

59 *Mitteilungen des Salzburger Landeslehrervereins*: Sonderheft: „Judentum und Schule", Februar 1937/6, 68. Jg.

leicht auch weil er „nur selten mit nicht-jüdischen Kindern Umgang hatte."[60] Und auch Ernest Winter schreibt, daß es „bis zum Jahre 1938 keinerlei Haß oder Beschränkungen gegenüber jüdischen Schülern" gegeben habe, nur gelegentlich Bemerkungen, jedoch nicht von Lehrern, sondern „von einzelnen Schülern."[61] Ähnliche Erfahrungen machte auch ein anderer Schüler, Stephen S. Winter: „Es gab Antisemitismus in der Klasse, aber nicht allzu offen. Meiner Meinung nach hat der Klassenvorstand Dr. Hobl dafür gesorgt, daß ein respektvolles Klima in der Klasse geherrscht hat. Trotzdem habe ich ein paar Mal mit einem Kollegen gerauft und ich war überzeugt, daß Antisemitismus der Anlaß war, obwohl meiner Erinnerung nach kein antisemitischer Ausspruch die Rauferei begonnen hat."[62] Wahrscheinlich typisch für die Situation vieler jüdischer Jugendlicher aber dürfte folgende Erinnerung sein: „Als Kind und auch in der Schule", schreibt die Schriftstellerin und damals bereits aktive Sozialdemokratin Susanne Bock, „habe ich wenig Erfahrungen mit antisemitischen Verhaltensweisen gemacht; was vorkam, wie zum Beispiel die gelegentliche Verspottung durch Gassenbuben, erschien uns Kindern normal, gehörte zum täglichen Leben, daher war es für uns auch, als ein Teil des täglichen Miteinander, akzeptabel. Wir wußten, daß es so war. Zu Hause, in unserer sehr assimilierten Familie, wurde es negiert oder heruntergespielt. ‚Reg' dich nicht auf, die dummen Kinder verstehen es nicht besser', war der Tenor. Diskriminierungen gegenüber ausländischen oder armen Kindern in der Schule haben mich viel mehr bedrückt und meinen Gerechtigkeitssinn mehr herausgefordert, als wenn ein Kind auf der Straße mir nachrief: ‚Jud, Jud spuck in den Hut, sag der Mutter, das ist gut.'"[63] Möglicherweise waren gerade in sozialdemokratischen, assimilierten Familien die Illusionen größer als in anderen, dennoch macht diese beinahe resignierende Aussage deutlich, wie erschreckend weit verbreitet antisemitisches Ressentiment selbst unter Kindern war. Sie zeigt zudem, daß man als Kind gegen den alltäglichen Hohn und Spott einfach nichts auszurichten vermochte, sich ohnmächtig und wehrlos fühlte. Man nahm ihn einfach hin, und „niemand dachte damals schon, auszuwandern und trotz aller besorgniserregenden Ereignisse waren die Zukunftsgedanken und Pläne auch weiterhin auf Wien gerichtet. Denn das Grundgefühl war damals, ein gebürtiger Wiener zu sein, auch wenn man ab und zu als ‚Polnischer Jude' von länger ansässigen und eher assimilierten Wiener Juden verspottet wurde."[64] Diese

---

60 Emilio Jäger: Brief v. 22. Oktober 2005
61 Ernest Winter: Brief v. 19. September 2005
62 Stephen S. Winter: Brief v. 27. September 2005
63 Susanne Bock: *Mit dem Koffer in der Hand. Leben in den Wirren der Zeit 1920–1946.* Wien 1999, S. 83
64 Rath 1992 (Anm. 42), S. 519

Erfahrung jedoch war unvergleichlich weniger bedrohlich, als von einem Nichtjuden verspottet zu werden.

Während an manchen Anstalten der Antisemitismus nur wenig spürbar war, existierten umgekehrt Schulen, in welchen die Bedrohung permanent war. Wovon es abhing, ob und in welchem Ausmaß das antijüdische Ressentiment um sich greifen konnte, darüber kann heute nur mehr spekuliert werden; sicher aber waren es gleich mehrere Faktoren, die dabei eine Rolle spielten. Im Gymnasium in Döbling, einem traditionell eher großbürgerlichen Bezirk, war das „Verhältnis zwischen den Schülern mosaischen Glauben und denen anderer Konfessionen (vor allem der römisch-katholischen) am BG 19 [...] bis zur Vertreibung der jüdischen und als jüdisch geltenden Schüler und oft auch noch danach ein durchaus kameradschaftliches, bei manchen auch ein freundschaftliches. Auch von seiten der Lehrer gab es fast keinen offenen Antisemitismus, allerdings war der latente Antisemitismus weit verbreitet [...]."[65] Das Gymnasium in Döbling, von dem hier die Rede ist, befand sich in einem sogenannten Nobelbezirk und wurde zumeist von Kindern aus assimilierten Familien besucht, doch das allein war nicht ausschlaggebend. Und es war auch nicht ausschließlich die Anzahl der jüdischen Schüler, die im BG 19 etwa ein Drittel betrug, die das Klima bestimmt hat; viel hing wahrscheinlich von der Anzahl der antisemitischen Schüler, vor allem aber auch von den Lehrern und dem Direktor ab, in deren Macht es doch gelegen wäre, dem antisemitischen Treiben Einhalt zu gebieten. Daß darüber hinaus die Separierung der jüdischen Schülerinnen und Schüler, die an manchen Anstalten sogenannte Judenklassen (vgl. folgendes Kapitel) besuchen mußten, sich zumeist äußerst negativ auswirkte und die Atmosphäre zwischen den Schülern buchstäblich vergiftete, bedarf keiner weiteren Erklärung.

In welchem Umfang und wie häufig Kinder und Jugendliche Kränkungen, Demütigungen, Feindseligkeiten und antisemitischer Gewalt ausgesetzt waren, und zwar sowohl von seiten der Lehrer als auch der Schüler, zeigen ganz andere Erfahrungen: „In der Volksschule gab es so eine Art von ,gemütlichem Antisemitismus': ,Du bist a Jud, aber du wirst toleriert.' Wenn man beim Turnen ungeschickt war, wurde man als Jude ausgelacht", erinnert sich Nachum Gross.[66] Und Ernest Urmann, damals ebenfalls Volksschüler, schrieb, daß man ihn Montag morgens mit „Hier kommt der Ernst, der den Jesus ermordet hat"[67] begrüßte. Shaul Kaddari wieder berichtet von einem „Katecheten", der sich am Beginn der Religionsstunde, als schon alle Kinder aufgestanden waren, um das Klassengebet

---

65 Martin Christ: *Vertreibungsschicksale. Jüdische Schüler eines Wiener Gymnasiums 1938 und ihre Lebenswege.* Wien 1999, S. 32
66 Weinzierl/Kulka 1992 (Anm. 42), S. 126
67 Ernest Urmann: Brief v. 13. September 2005

zu sprechen, an sein Pult lehnte, die Hand hob und sagte: „Wartet einen Moment, ich riech, da ist einer nicht von uns …" Diese infame Bloßstellung hinterließ Spuren bei dem Jungen, entwickelte sich zu einem „Kindheitstrauma, das ich bis heute mit mir rumtrage. Es ist immerhin fünfzig Jahre her, aber es geht mir noch heute im Kopf herum. Ich glaube, daß ich mich eher geschämt habe, [zu Hause] diese Sache zu erzählen, daß mir in einer Wiener Schule so etwas passiert ist. Es ist mir das erste Mal wieder […] ins Gedächtnis zurückgekommen, als ich wieder mit Österreichern in Kontakt kam. Denn ich habe lange Jahre jeden Kontakt mit Österreichern gemieden."[68] Und Avraham Schmueli, der zu Beginn der dreißiger Jahre in Baden bei Wien die Schule besuchte, berichtet, daß es in seinem Alter keine Freundschaften gab, sondern nur Steine, „die uns nachgeworfen wurden, und Höhnen und Pöhnen, du Saujud usw." Schon am ersten Volksschultag warf man ihm auf den Heimweg Steine nach: „den einen Tag auf die jüdischen Mädchen, den nächsten Tag auf die Buben." Im Gymnasium fanden jeden Tag Prügeleien statt und im Winter rieb man sie mit Schnee ein – nur die Juden. Es war ein Alptraum, „es war so arg, daß man es kaum erzählen kann. Die Lehrer haben sich irgendwie taub gestellt."[69] Unter diesen Umständen wurden Freundschaften zwischen jüdischen und nichtjüdischen Schülern nur sehr selten geschlossen: „I was a student at the Radetzky Realschule in the Third District of Vienna, at the time of the German takeover of Austria. I must tell you that with the exception of Kristallnacht there really was not much anti-Semitism that came to the surface. I have to tell you that in all my days at the school I did not have a single Christian friend, I only associated with other Jewish students in my age which was at the time age twelve. We all shared our concerns, but were not exposed to any outspoken anti-Semitism particularly brought about either students or faculty […]. I often think back of those days, how could I have gotten along in school for six years without ever being invited to a Christian friend, without ever being invited into a Christian home, without ever being on the playground with non-Jewish children."[70]

Das antisemitische Ressentiment richtete sich prinzipiell gegen alle Juden, auch gegen jene, die aus gutbürgerlichen Familien kamen: „Wir galten zwar als Kapitalisten, aber deswegen wurde Vater noch lang nicht zum Tee eingeladen. Man war eben nicht gesellschaftsfähig. Für die Schullehrer standen wir auf einer Ebene mit Tschechen, Polacken, Zigeunern und Welschen. Die sich wiederum in Italiener, aus irgendeinem Grund Katzelmacher genannt, und die korrupten Franzmänner teilten. Alles Untermenschen zu Füßen des hehren Germanen-

---

68 Weinzierl/Kulka 1992 (Anm. 42), S. 127f.
69 Bericht v. Avraham Schmueli (Albert Alfred Deutsch), in: ebd., S. 105
70 Fred M. Rosenbaum: Brief v. 6. Oktober 2005

tums."[71] Hatte man das Glück, aus einer Volksschule zu kommen, in der man von solchen Erfahrungen weitgehend verschont geblieben war, so war der Schock, wenn man in die Mittelschule wechselte, besonders groß: „Die Schottenbastei war die Hölle auf Erden", erinnert sich Michael Freisager: „Ich bin sicher, keine unserer Eltern hatte eine Ahnung, was uns hier jeden Morgen erwartete. Wir traten ein in eine andere Welt, in der das Gesetz des Stärkeren herrschte, wo gnadenlos auf die Kleineren, Schwächeren eingeprügelt wurde, alle Sorten jugendlichen Sadismus gediehen. Nach der Schule auf dem Heimweg wurde einem aufgelauert, man wurde geschlagen, verhöhnt, die Bücher wurden einem weggenommen. Wenn man in einem fremden Viertel, einer fremden Gasse Buben einer anderen Schule begegnete, wußte man, was einem blühte. Das hatte nicht unbedingt mit Antisemitismus zu tun, der kam dazu, war dann das Tüpfchen auf dem ‚i'. Die Lehrer (Professoren genannt) griffen nie ein, betraten die Klasse spöttisch distanziert, entschwanden nach dem Unterricht in ihre eigene Sphäre. Ich habe auch nie erlebt, daß sie einem schwächeren Schüler in irgendeinem Unterrichtsfach geholfen hätten. Bezeichnend war auch, daß wir diese täglichen Katastrophen zu hause verschwiegen, in einer uns selbst auferlegten Omerta [...]. Für mich fand ich, aus purer Verzweiflung, eine Lösung des Problems. Ich entdeckte, wenn man Präliminarien einer Schlägerei, das heißt das Wortgefecht, welches ihr vorausgeht, durchbricht, sofort zuschlägt, möglichst ins Gesicht, der Gegner, selbst größer und stärker, aus dem Konzept gebracht wird [...]. Viel später, an der Kunstgewerbeschule Zürich, war ich dafür bekannt, daß wenn in meiner näheren Umgebung das Wort „Saujud" fiel, ich zum Betreffenden hinging, an ihm hinaufsprang wenn er größer war und ihm eine schallende Ohrfeige gab. Meist war der andere so verdutzt, daß jede Reaktion ausblieb. So wurde ich selbst zum Schläger."[72]

Michael Freisager, Jahrgang 1924, beschreibt hier Lehrer, die sich Kindern gegenüber nicht viel anders verhielten wie so viele andere Wiener auch, gleichsam ein Charakteristikum dieser Stadt, wie Ruth Klüger lapidar konstatiert: „Freudlos war sie halt und kinderfeindlich. Bis ins Mark hinein judenkinderfeindlich."[73] Die beispiellose Aggressivität der Wiener Schüler untereinander, die geheime Lust der „Professoren" an diesem gewaltsamen Treiben, das sadistische Vergnügen, mit dem sie tatenlos zusahen, all das verweist bereits darauf, was sich nur wenige Jahre später an antisemitischem Wahn in dieser Stadt entladen sollte.

Nicht alle jüdischen Schüler konnten oder wollten sich so zur Wehr setzen wie Michael Freisager. Es war dies ohnehin nur einer von vielen Versuchen,

---

71 Georg Stephan Troller: *Selbstbeschreibung.* Hamburg 1988, S. 30
72 Michael Freisager: *Die Flucht.* Unveröff. Manuskript, Zürich 2002, S. 16ff.
73 Rut Klüger: *weiter leben. Eine Jugend.* München 1992, S. 67

wenn auch vielleicht im gegebenen Augenblick der effizienteste, auf den antise-mitischen Haß zu reagieren. Zumindest für einen kurzen Augenblick gelang es, sich Respekt zu verschaffen und Würde zu wahren. Traumatische Folgen hinter-ließ die ständige Anfeindung, Verhöhnung und Mißhandlung bei allen Kindern, egal wie sie sich auch verhalten mochten: „Es war eine Falle, die jede Sekunde zuschnappen konnte", erinnert sich der Schriftsteller Georg Stefan Troller, „ins-besondere, wenn man so prononciert aussah, wie ich […]. Man begann seine Karriere als Judenbub, mit langen Hosen stieg man zum Saujuden auf, das weib-liche Gegenstück lautete Judensau. Lärmte man in der Klasse, so ging es zu wie in einer Judenschul, lief man herum, so zeigte man jüdische Hast, hielt man sich abseits, so dünkten sich die Juden was Besseres. War man schwach im Turnen, aber stark im deutschen Aufsatz, dann hatte man jüdische Leibfeindlichkeit durch kalten jüdischen Verstand kompensiert, unter Beihilfe von jüdischer Zudringlich-keit, wenn nicht gar von jüdischem Dreh. Der Jud ist an allem schuld […]. Zu-letzt glaubten wir selber daran, denn dauernde Mißbilligung wird verinnerlicht […]. Die Klasse trennte sich zweimal wöchentlich zum Religionsunterricht […]. Kamen wir anschließend wieder zusammen, so wogte ein Raunen durch den Saal: ‚Ihr habts ihn umbracht!' Wir galten als das ‚Gottesmördervolk'. […] Es gab den Alpenverein, der die Juden am Klettern, und den Turnerbund, der sie am Hanteln hindern wollte […]. Wie fertig werden mit solcher Seelenunflat? Es gab so viele verschiedene Reaktionen, wie es Juden gab, denn jeder mußte sich seine persön-liche Antwort herausarbeiten. Wie immer die ausfiel, irgendwo ging ein Stück Menschenwürde hops. Jeder Kompromiß war der existentiellen Verzweiflung abgerungen, die wir für unsere letzte, endgültigste Wahrheit hielten: Alles Leben ist sinnlos, unseres nur noch sinnloser. Die Umwelt gibt dir kein Recht zu leben, ergo besitzt du auch keins. Trotzdem muß man überleben […]. So fahndet man eben, schlechten Gewissens aber doch, nach einem Vorwand um weiterzuma-chen. Je tiefer die existentielle Verzweiflung, desto fanatischer der Drang, dran ‚zu glauben'."[74]

Je jünger ein Kind war, desto größer war seine seelische Erschütterung, weil es in all der Unmittelbarkeit und Unreflektiertheit seines Erlebens noch keine Er-klärung finden konnte für das, was ihm angetan wurde. „Wer wie ich schon als Sieben- oder Achtjähriger nach der Schule von gürtelschwingenden Gassenjun-gen unter dem Gejohle ‚Jud, Jud, bist a Jud' bis zu seiner Haustüre gejagt wird, der fragt nicht nach der gesellschaftlichen Zugehörigkeit seiner Peiniger, nicht nach dem ideologischen Ursprung ihrer Feindseligkeit, nicht nach der politischen Orientierung ihrer Eltern. Von diesen Dingen wußte ich nichts, ich erlebte die Verfolgung als etwas Elementares, das nicht in einzelne Bestandteile zerlegt

---

74 Troller 1988 (Anm. 71), S. 43ff.

38

werden konnte, als etwas, was Naturgesetzen unterstand und das Leben ein für allemal bestimmte."[75] Nicht alle Schüler machten die gleichen Erfahrungen: „Unsere Professoren waren ausnahmslos sehr gebildete, feine Menschen, die uns ihr Wissen bestens bekanntgegeben haben", und die auch nach dem „Anschluß" „niemals den geringsten Unterschied" zwischen jüdischen und nichtjüdischen Schülern gemacht haben, berichtet Werner Schaechter, der damals ebenfalls die Bundesrealschule in der Schottenbastei besuchte.[76] Von Glück sprechen konnten auch jene, die, wie Georg Breuer, der das Albertgymnasium besuchte, in eine Klasse gingen, in der die jüdischen Schüler in der Mehrzahl und ihre Stellung zu stark war, „als daß die Nazis sie hätten terrorisieren können."[77] Aber solche Erfahrungen waren die Ausnahme.

Der Antisemitismus von Lehrern und Schülern variierte nicht nur innerhalb einer Schule, viel hing davon ab, in welche Klasse man ging, welche Lehrer dort unterrichteten, und wahrscheinlich waren jene, die wirklich offen antisemitisch gewesen sind, in der Minderzahl. Das Bestürzende jedoch ist, daß ich keinen einzigen Schüler traf, der von einem Lehrer zu erzählen wußte, der bewußt und aktiv gegen antisemitisches Ressentiment seiner Kollegen oder seiner Schüler in irgendeiner Weise eingeschritten wäre, der sich entrüstet und empört gezeigt oder Maßnahmen dagegen gesetzt hätte. Keine Stimme, die sich erhob, um gegen die Verhöhnung von Jüdinnen und Juden zu protestieren. Sind die Aussagen und Erinnerungen von 150 ehemaligen Schülerinnen und Schüler auch nicht verallgemeinerbar, so stellt sich dennoch die prinzipielle Frage: wie war es denn möglich, daß nach einer mehr als zehn Jahre währenden sozialdemokratischen Schulreform, die sich doch angeblich einer humanistischen und aufgeklärten Tradition verpflichtet sah, nicht zumindest einzelne Lehrer versuchten, dem Judenhaß, dem spöttischen und verächtlichen Verhalten, dem demütigenden und grausamen Betragen ihrer mit dem Nationalsozialismus sympathisierenden Schüler, die manchmal selbst vor körperlichen Angriffen gegen ihre Klassenkollegen nicht zurückschreckten, ein Ende zu setzen?

---

75 Egon Schwarz: *Keine Zeit für Eichendorff. Chronik unfreiwilliger Wanderjahre.* Frankfurt/M 1992, S. 18
76 Kurt Werner Schächter: Brief v. 17. November 2005
77 Georg Breuer: *Rückblende. Ein Leben für eine Welt mit menschlichem Antlitz.* Wien 2003, S. 53f.

Schulghetto im „Ständestaat"

Im Sommer 1933 hatten Österreich und der Vatikan Verhandlungen mit dem Ziel aufgenommen, „das katholische Schulwesen in Österreich" zu fördern, um „damit auch die Voraussetzung für die Entwicklung zu einer öffentlichen katholisch-konfessionellen Schule" zu schaffen. Diese Vereinbarungen, die im Kontext eines zunehmend engeren ideologischen Zusammenschlusses zwischen Italien, Ungarn und Österreich stattfanden, führten zum Abschluß eines Konkordats, das am 1. Mai 1934 in Kraft trat und in den Rang eines österreichischen Verfassungsgesetzes erhoben wurde. Denn im Rahmen ihres „religiös-kulturellen Aufbau-Werkes" beschränkte sich das Dollfuß-Regime nicht allein darauf, „die auf den Staat eindringenden marxistischen und nationalsozialistischen Ideen und Bewegungen abzuwehren", sondern versuchte zugleich „einen christlichen Staat aufzubauen."[78]

Nun konnte mit dem Konkordat, das den Katholizismus als Stütze des klerikalfaschistischen Regimes zusätzlich aufwertete und gleichsam das Fundament des kirchlichen Schulwesens bilden sollte, weder die direkte klerikale Schulaufsicht noch eine öffentlich-konfessionelle Schule durchgesetzt werden, es brachte aber wesentliche materielle und rechtliche Vorteile für katholische Privatschulen. Und es hatte außerdem zur Folge, daß ab diesem Zeitpunkt die Teilnahme aller katholischen Schüler am Religionsunterricht samt den religiösen Übungen verpflichtend war. Diese „Verbindlichkeit" reichte bis zur „Religionsmündigkeit", dem 14. Lebensjahr. Den Eltern war zugleich „ohne Ausnahme die Pflicht zur religiösen Erziehung der Kinder auferlegt, [...] wobei die Kinder der Religion der Eltern" zu folgen hatten. Die Praxis, daß „konfessionslos gewordene Eltern ihre noch nicht schulpflichtigen katholisch getauften Kinder konfessionslos erklären lassen und damit dem Religionsunterricht entziehen können [...], wurde 1933 im Zusammenhang mit dem Abbau der marxistischen Kulturpolitik unterdrückt."[79]

Dieser Gesetzestext hatte sehr konkrete Auswirkungen, die auf den ersten Blick gar nicht so einfach erkennbar sind: katholische, evangelische, aber auch jüdische Kinder waren von dem Konkordat in unterschiedlicher Weise betroffen; insbesondere aber richtete es sich an all jene, die konfessionslos waren bzw. von ihren Eltern als konfessionslos erklärt worden waren und daher, gemäß der Glöckelschen Schulreform, vom Religionsunterricht befreit waren. Sie mußten ab 1934 die Religion ihrer Eltern annehmen. Wie sehr diese Maßnahme dazu bei-

---

78 Die katholische Kirche und der Neubau des österreichischen Staates 1933/1934. Dokumente und Materialien nebst dem Konkordat mit dem Hl. Stuhl vom 5. Juli 1933. Hg. v. Franz Jos. Müller, Freiburg/Schweiz 1934, S. 3

79 Ebd., S. 99

trug, den Antisemitismus in der Schule zu fördern, berichtete ein Schüler, der damals noch in die Volksschule ging; er erzählte, daß ab diesem Zeitpunkt für ihn die Hölle in der Klasse losbrach: War der Umgang mit seinen Kameraden bis dahin problemlos verlaufen, so war er ab Mai 1934 plötzlich zum „Juden" geworden, die anderen Kinder standen ihm ab nun spinnefeind gegenüber.[80]

Mit dem Konkordat in freilich indirektem Zusammenhang stand eine andere Maßnahme, die im September 1934 in Kraft trat und für zahlreiche jüdische Schülerinnen und Schüler eine weitere, extreme Diskriminierung darstellte. Zu diesem Zeitpunkt nämlich waren vom zuständigen Ministerium eigene Klassen eingerichtet worden, in welchen jüdische Schüler von nicht-jüdischen getrennt unterrichtet wurden, ein Umstand, der in der allgemeinen Literatur nur wenig bekannt ist. Ari Rath, ehemaliger Chefredakteur der *Jerusalem Post*, machte mich während eines Interviews darauf aufmerksam; Er selbst, so erzählte er, sei im Bundesgymnasium in der Wasagasse, im 9. Wiener Gemeindebezirk, in so eine „Judenklasse" gegangen. Bei meinen Recherchen stieß ich auf einen Erlaß des Bundesministeriums für Unterricht vom 4. Juli 1934 – damals hieß der Bundeskanzler noch Dollfuß –, der besagt, daß „auf Grund schulpraktischer Erwägungen [...] bei Teilung von Klassen in Parallelzüge" in Hinkunft so vorgegangen werde, daß „die nichtkatholischen Schüler in je einer Klassenabteilung vereinigt und nicht mehr auf zwei oder alle Parallelzüge einer Klasse aufgeteilt werden." Mit den „Nichtkatholischen" waren in erster Linie jüdische Schüler und Schülerinnen gemeint, die ab nun, sofern sie zahlreich genug waren, oft auch mit den evangelischen in einem eigenen Klassenzug zusammen unterrichtet wurden. War ein jüdisches Kind jedoch getauft, so mußte es nicht in die Judenklasse. Das Dreiste an dieser „Aufteilung" war das Argument der sogenannten „schulpraktischen Erwägungen". Damit konnte jederzeit darauf verwiesen werden, daß es wegen des Stundenplans „praktischer" sei, mosaische Schüler von katholischen zu separieren, damit der Religionsunterricht jeweils klassenweise organisiert werden konnte; das mochte nun tatsächlich „praktischer" und bequemer sein, bot zugleich aber auch einen Vorwand, um jüdische Schüler und Schülerinnen von den katholischen regelrecht abzusondern. Tatsächlich handelte es sich bei diesem Erlaß um eine dieser typisch österreichischen Maßnahmen, bei der das antisemitische Ressentiment zwar wirksam wurde, tatsächlich aber nur schwer dingfest gemacht werden konnte.

Mit großer Besorgnis reagierte der Vorstand der israelitischen Kultusgemeinde, der in einer Resolution in der *Stimme* darauf verwies, daß „die Aufteilung der Schüler in Parallelklassen nach konfessionellen Gesichtspunkten ohne vorheriges Einvernehmen mit der Vertretung der israelitischen Religionsgesellschaft erfolgt

---

80 Pablo Simko (Paul Schimko): Interview im Juni 2006

ist [...]. Die getroffenen Maßnahmen", heißt es weiter, „durch welche an den öffentlichen allgemein zugänglichen Schulen jüdische Schüler abgesondert werden, haben in der Wiener jüdischen Bevölkerung Beunruhigung und Erregung hervorgerufen. Diese Verfügungen müssen bei den Kindern israelitischen Religionsbekenntnisses das Gefühl der Zurücksetzung erwecken."[81] Umgehend wurde der Beschluß gefaßt, „bei allen in Betracht kommenden Stellen der Unterrichtsverwaltung [...] schwere Bedenken geltend zu machen und die Aufhebung der erlassenen Anordnungen anzustreben."[82] Doch der Protest gegen diese diskriminierenden Maßnahmen blieb praktisch folgenlos. „Es war vorauszusehen", schrieb *Die Neue Welt* schon im Mai 1935, „daß der nun einmal auf den Kurs der deutsch-christlichen Erziehung der Jugend festgelegten Regierung auf die Klassenteilung nach religiösen Momenten nicht verzichten wird, da sie in ihr einen wesentlichen Bestandteil ihres Systems erblickt."[83] Vor allem der „Volksbund" wandte sich vehement gegen diese deutsch-christliche Erziehung und erkannte darin einen eindeutigen Rechtsbruch. Er erhob dagegen Einspruch, „daß man jüdische Kinder einfach aussondert und sie in getrennten Räumen von deutsch-christlichen, manchmal antisemitischen Lehrern in deutsch-christlichem Sinne ‚erzieht',„. Er sah darin „eine Verletzung der verfassungsmäßig festgelegten Gleichberechtigung der jüdischen Minorität in Österreich", und stellte fest, „daß diese rein mechanische Absonderung des jüdischen Kindes in diesem selbst das Gefühl der Demütigung und in der nicht-jüdischen Umwelt beleidigende Geringschätzung hervorrufen muß."[84]

Im Herbst 1934 wurde auch Ari Rath in die 1. Klasse des Wasagymnasiums eingeschult, „die als ‚Judenklasse' geführt wurde, während die 1.A die ‚Christenklasse' war. Diese Klassenteilung, die noch unter Bundeskanzler und Unterrichtsminister Schuschnigg konzipiert worden war, wurde in allen vier Klassen des Untergymnasiums bis 1938 beibehalten. Zwar wurde als offizieller Grund für diese Klassentrennung der Religionsunterricht angegeben, den jüdischen Schülern wurde jedoch klar gemacht, daß sich die Christenklassen ohne die öfters ‚vorlauten' jüdischen Schüler, die auch gerne ‚Besserwisser' seien, besser entwickeln würden", erinnert sich Ari Rath.[85] „Und ab und zu, wenn wir im Hof gespielt haben, hat man gleich gesagt: ‚du Judenbua ziag oh, geh' nach Palästina.'

---

81 „Gegen die Judenklassen", in: *Die Stimme, Jüdische Zeitung*, Nr. 38, Jg. 8, Wien, 28. Sept. 1934, S. 1, siehe auch: *Die Neue Welt*, Nr. 465, Jg. 9, Wien 28. Mai 1935, S. 1
82 *Die Neue Welt*, a.a.O.
83 „Judenklassen bleiben – Ohnmächtige Protestpolitik", in: ebd.
84 Ebd.
85 Rath 1992 (Anm. 42), S. 517

Das war für mich eine Beleidigung, ich war doch Wiener, wie alle anderen."[86] Entwürdigend empfand auch Herbert Wise diese Maßnahme: „When I entered the Realgymnasium in the Schottenbastei in 1935 (I am not quite certain of the year), the classes were already segregated [...]. This discrimination was very pronounced, and engendered a feeling of being ‚second class‘ which, of course, it was intended to do."[87] Die Zahl jüdischer Lehrer war auch in diesen Klassen verschwindend gering: „Auch in der Judenklasse war die Mehrzahl der Professoren Christen, außer den zwei jüdischen Professoren, Hans Pollak für Latein und Samuel Sabbath für Mathematik. Mit der einzigen Ausnahme des Professor Otto Sprangers, eines bewußten Liberalen und Humanisten, der kurz nach dem ‚Anschluß‘ über die Grenze in die Schweiz ging und nachher nach Amerika auswanderte, verheimlichten die christlichen Professoren nicht ihre betonten Pro-Nazi-Neigungen schon Monate vor dem März 1938."[88]

Unklar ist, ob vor diesem Erlaß, also vor 1934, jüdische Schüler tatsächlich immer auf mehrere Klassenzüge aufgeteilt waren. Recherchen ergaben, daß im Schuljahr 1937/38 an mehreren Schulen die katholischen Schüler die A-Klassen besuchten, die jüdischen und evangelischen hingegen die B-Klassen. Natürlich hing das immer auch von der Anzahl der jüdischen Schüler ab. Eine solche „Judenklasse" konnte schließlich nur dann eröffnet werden, wenn es in einem Jahrgang genügend jüdische Schüler gab, wie etwa im Akademischen Gymnasium, im Realgymnasium Unterbergergasse und eben im Bundesgymnasium Wasagasse, wo solche Klassen existierten. Umgekehrt aber gab es auch Schulen, wo nur wenige jüdische Schüler auf mehrere Parallelzüge aufgeteilt waren, manchmal waren es auch nur drei oder vier in jeweils einem Klassenzug, wie etwa im Bundes-Realgymnasium für Mädchen in der Wenzgasse. Wahrscheinlich war die Entscheidung, ob Jüdinnen und Juden zu separieren seien, den Direktoren überlassen. Eine Entscheidung, die nicht allein für die Betroffenen, sondern gewiß auch für das Klima in der Klasse und der gesamten Schule von außerordentlicher Bedeutung war.

Bezog sich der Erlaß Nr. 151 mit dem unverfänglichen Titel „Parallelklassen; Aufteilung der Schüler", ausdrücklich auf Mittelschulen und Lehrerbildungsanstalten, so zeigen die Erinnerungen der Pädagogin Hanna Fischer, daß solche antisemitischen Praktiken auch an Volksschulen um sich gegriffen hatten. Hanna Fischer besuchte 1936 die zweite Volksschulklasse einer Schule im 13. Bezirk, als ihr von ihrer Lehrerin am Ende des Schuljahres mitgeteilt wurde, sie wünsche ab sofort keine jüdischen Schüler in ihrer Klasse. Gemeinsam mit anderen Klas-

---

86 Ari Rath: Interview im Juni 2004
87 Herber Wise: Brief v. 26. Oktober 2005
88 Rath 1992 (Anm. 42), S. 520

senkameradinnen mußte sie die Volksschule wechseln und einen wesentlich weiteren Schulweg auf sich nehmen. Daß es sich dabei um keinen Einzelfall handelte, kam auch der Israelitischen Kultusgemeinde zu Ohren; aus Elternkreisen wurde nämlich bekannt, „daß in einzelnen Klassen Aus- und Umschulungen jüdischer Kinder auch an Volks- und Hauptschulen erfolgt seien, daß in manchen Schulen die jüdischen Kinder in Klassen zusammengefaßt, in anderen nur die christlichen unterrichtet werden."[89] Das aber zeigt nur ein weiteres Mal, wie weit verbreitet der antisemitische Haß bei Lehrern und Direktoren, aber auch bei der Schulbehörde, kurzum bei den Pädagogen war.

Angesichts dieser drakonischen Maßnahmen der Schulbürokratie gegen jüdische Kinder und Jugendliche sowie deren erschütternder Erinnerungen erschrickt man über das Ausmaß an Roheit, Sadismus und antisemitischer Gewalt, welchen jüdische Schüler im Klerikalfaschismus ausgesetzt waren. Und doch war alles erst der Anfang ...

---

89 „Die Wiener Kultusgemeinde gegen das Schulghetto", in: *Die Stimme* 1934 (Anm. 81), S. 1

Vertreibung, Verfolgung und Vernichtung

Nationalsozialistische Erziehung: Das ganze Leben nicht mehr frei werden

Franz Neumann hat in seiner im amerikanischen Exil verfaßten Studie *Behemoth* (1942) den nationalsozialistischen Staat nicht als einen monolithischen Block begriffen, vielmehr als einen „Unstaat", „ein Chaos, eine Herrschaft der Gesetzlosigkeit und der Anarchie."[90] Demnach handelt es sich „beim Nationalsozialismus nicht eigentlich um einen Staat – schon gar nicht um ein homogenes, alles regulierendes Supersubjekt, dem die Lohnarbeit organisch eingefügt wäre –, sondern gewissermaßen um eine spontane Koalition totalitärer Körperschaften, die miteinander in Konkurrenz stehen und sich jeweils ad hoc arrangieren."[91] Die institutionellen Formen nationalsozialistischer Erziehung sind davon nicht ausgenommen; Wenn in Anlehnung an Carl Schmitts „Dreigliederungs"-Theorie Elternhaus, Schule und Hitlerjugend als die drei Grundpfeiler der Jugenderziehung bezeichnet werden,[92] so standen auch diese Erziehungsinstanzen in einem bestimmten Konkurrenz- und Spannungsverhältnis zueinander, wie sich unter anderem an den „Gemeinschaftserziehungsstätten", den Nationalpolitischen Erziehungsanstalten, die dem Reichserziehungsminister unterstanden, und den Adolf-Hitler-Schulen, die als Parteischulen konzipiert waren, zeigen läßt.[93] Zudem verfügten die Nationalsozialisten über kein einheitliches und verbindliches Erziehungs- oder Sozialisationskonzept, viel eher handelte es sich auch dabei um konkurrierende Entwürfe und Machtansprüche, freilich mit dem einzigen Zweck, die Jugend dem Staat und der Volksgemeinschaft rückhaltlos verfügbar und verwertbar zu machen.

Dennoch existierten eindeutige Erziehungsprinzipien, wie sie etwa schon 1925 in Hitlers *Mein Kampf* in den „Erziehungsgrundsätze(n) des völkischen Staates" formuliert worden waren. Grundlage dafür bildeten Rassismus und Anti-

---

90 Franz Neumann: *Behemoth. Struktur und Praxis des Nationalsozialismus 1933–1944*. Hg. v. Gert Schäfer, Frankfurt/M 1998, S. 16

91 Gerhard Scheit: *Die Meister der Krise. Über den Zusammenhang von Vernichtung und Volkswohlstand*, Freiburg 2001, S. 51

92 Neumann 1998 (Anm. 90), S. 100

93 Wolfgang Benz: „Kinder und Jugendliche in der NS-Zeit", in: *Sozialisation und Traumatisierung. Kinder in der Zeit des Nationalsozialismus*. Hg. v. Ute Benz und Wolfgang Benz, Frankfurt/M 1992, S. 16f.

semitismus und die Vorstellung einer Volksgemeinschaft, aus der Juden und andere „Fremdrassige" ausgeschlossen waren bzw. vernichtet werden sollten. Hierzu zählten die Verfolgung von Sinti und Roma, „rassenhygienische" Maßnahmen bis hin zur Vernichtung „lebensunwerten" Lebens, Vernichtungskrieg und Versklavung sogenannter minderwertiger Völker wie Polen und Russen. In diesen gesamten Vernichtungsfeldzug integriert war die Ermordung der europäischen Juden. Nationalsozialistische Erziehung war diesen Vorstellungen von einer „reinrassigen" und „erbbiologisch gesunden" Volksgemeinschaft in jeder Weise verpflichtet. In den bereits erwähnten „Erziehungsgrundsätze(n)" hat Hitler dieses „Programm" dargestellt, es reicht von der „Pflege und Entwicklung der besten rassischen Elemente"[94], über das „Heranzüchten kerngesunder Körper"[95], die Ausbildung des „Nationalstolzes"[96], das Erlernen der Fähigkeit „Leiden und Unbill schweigend" ertragen zu können[97], bis schließlich zur „Vollendung" der „Erziehung im Heeresdienste"[98], was nichts anderes bedeutete als Erziehung zu Gewalt- und Tötungsbereitschaft, zu Krieg und Vernichtung.

In seiner berühmt-berüchtigten Reichenberger Rede hat Hitler 1938 ausgeführt, wo und in welcher Weise diese „Erziehung zum Nationalsozialisten", denn dies war das erklärte Ziel, „erlernt" werden sollte: „Diese Jugend, die lernt ja nichts anderes als deutsch denken, deutsch handeln, und wenn diese Knaben mit 10 Jahren in unsere Organisation hineinkommen und dort oft zum ersten Male überhaupt eine frische Luft bekommen und fühlen, dann kommen sie 4 Jahre später vom Jungvolk in die Hitlerjugend und dort behalten wir sie wieder 4 Jahre. Und dann geben wir sie erst recht nicht zurück in die Hände unsrer alten Klassen- und Standeserzeuger, sondern dann nehmen wir sie sofort in die Partei, in die Arbeitsfront, in die SA oder in das NSKK[99] usw. Und wenn sie dort 2 Jahre oder 1½ Jahre sind, und noch nicht ganze Nationalsozialisten geworden sein sollten, dann kommen sie in den Arbeitsdienst und werden dort wieder 6 Monate geschliffen, alles mit einem Symbol, dem deutschen Spaten. Und was dann nach 6 oder 7 Monaten noch an Klassen- und Standesdünkel da oder dort vorhanden sein sollte, das übernimmt die Wehrmacht zur weiteren Behandlung auf 2 Jahre. Und wenn sie nach 2, 3 oder 4 Jahren zurückkehren, dann nehmen wir sie, damit sie auf keinen Fall rückfällig werden, sofort wieder in die SA, SS usw. und sie werden nicht mehr frei ihr ganzes Leben."[100]

---

94 Adolf Hitler: *Mein Kampf*, München 1934, S. 451
95 Ebd., S. 452
96 Ebd., S. 453
97 Ebd., S. 462
98 Ebd., S. 476
99 Damit ist das Nationalsozialistische Kraftfahrerkorps gemeint.
100 Hitler, zit. n. Keim 1997 (Anm. 21), Bd. 1, S. 18

An dieser Rede wird deutlich, wie sehr sich nationalsozialistische Erziehung vom bürgerlich-liberalen Erziehungsideal unterschied: Wird dort Jugend als Durchgangsstadium zur Reife verstanden, die schließlich im Alter ihren Abschluß findet, so setzte der Nationalsozialismus dagegen die Vorstellung von einer permanenten, unabgeschlossenen, kollektiv-teleologischen Erziehung, in der es Reife eines abgerundeten Lebens nicht gab. Die permanente Revolution zur Vollendung des NS-Menschen war zwangsläufig die permanente Jugendrevolte, die die schnellsten Zuchterfolge bringen würde. Nicht die Partei, sondern die Jugend hat immer recht, sagte Reichsjugendführer Baldur von Schirach. „Die Macht der Jugend [...] war eine Macht, in der niemand zur Besinnung kommen sollte, damit das kollektive Hochgefühl, das als Form der Loyalität zum System angestrebt wurde, nicht zum Erliegen kam."[101] „Leute wie Goebbels und Rosenberg", schreibt der Wiener Schulreformer Karl Furtmüller, „gehörten zum Typus des frühreifen Gymnasiasten, der auf dieser Entwicklungsstufe stehen geblieben ist. Was aber als [...] Durchgangsstadium [...] natürlich und unschädlich erscheint, ist hier fixiert und zu einer geistlosen Fratze erstarrt."[102] Diese Ideologie lebenslanger, besinnungsloser Pubertät und Infantilisierung ist eine Form der Regression, ein „Zwang des Knäbischseins"[103], dem sich selbst Erwachsene zu unterwerfen hatten, wollten sie sich nicht außerhalb des Kollektivs stellen. Es ist ein Verhalten, das heute noch vor allem bei Männern der Tätergeneration genau beobachtet werden kann; es zeigt sich an dem generell groben Umgang unter Männern an Stammtischen und in Sportvereinen, der tief verächtlichen Haltung Frauen gegenüber, dem Zotenreißen über Sexualität, dem männlichen Geschlechtsneid u. a. m.

Auffallend an den Aussagen Hitlers ist zudem, daß darin weder Schule noch Familie als Erziehungs- bzw. Sozialisationsinstanz irgendeine Bedeutung eingeräumt wird, daß es vielmehr gerade solche Vermittlungsinstanzen auszuschalten galt, um die Jugend unmittelbar an den Staat bzw. an die Partei zu binden, als deren Eigentum sie betrachtet wurde. Was die Schule als Stätte intellektueller und humanistischer Bildung betrifft, so wurde sie von den Nationalsozialisten mit größter Geringschätzung und Verachtung betrachtet, völlig untauglich zur Realisierung politischer Sozialisation: Schließlich war das reflektiert denkende, autonome Individuum dem Ideal eines Menschen, der sein „ganzes Leben" lang

---

101 Christian Schneider, Cordelia Stillke, Bernd Leineweber: *Das Erbe der Napola. Versuch einer Generationengeschichte des Nationalsozialismus.* Hamburg 1996, S. 41

102 Carl Furtmüller (Pseudonym Karl Schratt): „Ist die Hitlerjugend für uns verloren?", in: *Der Kampf*, Jg. 1940, Heft 8, S. 179

103 Sebastian Haffner: *Geschichte eines Deutschen. Die Erinnerungen 1914–1933.* München 2000, S. 283

„nicht mehr frei" wird, der in bedingungsloser Gefolgschaft und blindem Glauben dem nationalsozialistischen Staate untertan war, geradezu entgegengesetzt und in jeder Weise hinderlich. Deshalb auch, so Hitler, hat „der völkische Staat seine gesamte Erziehungsarbeit nicht auf das Einpumpen bloßen Wissens einzustellen, sondern auf das Heranzüchten kerngesunder Körper". Erst danach kommen die Ausbildung geistiger Fähigkeiten, insbesondere die Entwicklung des Charakters, die Förderung der sogenannten Willens- und Entschlußkraft sowie die Erziehung zur „Verantwortungsfreudigkeit". An letzter Stelle rangiert schließlich die wissenschaftliche Schulung, zumal für den völkischen Staat „ein wissenschaftlich wenig gebildeter, aber körperlich gesunder Mensch wertvoller" ist als „ein geistreicher Schwächling."[104]

Im gleichen Maße wie Einfluß und Macht der Familie, die wie alle Erziehungsinstanzen der Kontrolle durch Staat und Partei unterlag, zurückgedrängt und depotenziert wurden, gewann die nationale Formierung der Massen zunehmend an Bedeutung. Die Vielzahl von Partei- und Staatsorganisationen standen freilich in entschiedener Konkurrenz zu Schule und Familie, zumal gerade auch diese Organisationen einen ausdrücklichen Schulungs- und Erziehungsanspruch vertraten, denn Nationalsozialist werde man eben erst durch „Lager und Kolonne."[105] Außerschulische „Erziehung", wie sie am effektivsten in der Hitlerjugend, aber auch im Bund Deutscher Mädchen, im Landjahr oder im Reichsarbeitsdienst stattfand, Massenaufmärsche und -feiern waren groß angelegte, perfekte Inszenierungen des Gemeinschaftslebens; Übungen, Rituale und vor allem Formen des Erlebens, die die widerstandslose Ein- und Unterordnung in die deutsche Volksgemeinschaft garantieren sollten. Die praktische Unmöglichkeit, sich diesen Veranstaltungen zu entziehen, der Zwang, sich dem jeweiligen Kollektiv zu unterwerfen, waren darauf ausgerichtet, sämtliche individuellen Besonderheiten zu eliminieren, die Individualität auszulöschen. Die Attraktivität solcher Inszenierungen rührte nicht allein daher, daß sie den ersehnten Freiraum jedes Adoleszenten gegenüber seiner Familie garantierte, sondern auch die Chance zur eigenen Aufwertung bot, indem man selbst in den streng hierarchisch gegliederten Organisationen in eine Führungsposition aufstieg, und den Terror, den man ständig am eigenen Leib erfuhr, an anderen ausüben konnte. In diesem Kreislauf von Angst, Gewalt und Schrecken konnte die Gemeinschaft als lebenswichtig erfahren werden, nur durch sie und in ihr konnte man überhaupt bestehen. „Du bist nichts, dein Volk ist alles", war ein Appell an die Opferbereitschaft jedes Einzelnen, sich dem nationalsozialistischen Staat zu unterwerfen, und sein Leben jederzeit für die

---

104 Hitler 1934 (Anm. 100), S. 452
105 Peter Scholz: „Die Schule als ein Faktor nationalsozialistischer Machtsicherung",
     in: M. Heinemann: *Erziehung und Schulung im Dritten Reich*, Stuttgart 1980, S. 31

deutsche Volksgemeinschaft und ihren Führer hinzugeben. „Der Nationalsozialistische Staat", schrieb Herbert Marcuse 1941, „ist ein ‚Staat der Massen', aber die Massen sind nur insoweit Massen, wie sie sich aus atomisierten Individuen zusammensetzen. Wie diese allem beraubt worden sind, was ihre Individualität in eine wahre Interessengemeinschaft transzendiert, und nichts von ihnen übrig geblieben ist als ihr bestialisches und abstraktes Eigeninteresse [...], sind sie für die Vereinheitlichung von oben und für die Manipulation so anfällig."[106]

Der Schriftsteller und Journalist Sebastian Haffner, der sich 1933 in Berlin, kurz bevor er sein Richterexamen ablegte, gemeinsam mit anderen Kandidaten einer „weltanschaulichen Schulung" unterziehen und sich zu diesem Zweck mehrere Wochen in einem Lager aufhalten mußte, hat diese Form der nationalsozialistischen Gemeinschaft eindringlich und präzise wie kaum ein anderer beschrieben: „Kameradschaft gehört zum Krieg. Wie Alkohol ist sie eines der großen Trost- und Hilfsmittel für Menschen, die unter unmenschlichen Bedingungen zu leben haben. Sie macht Unerträgliches erträglich. Sie hilft, Tod, Schmutz und Jammer zu überstehen. Sie betäubt. Sie tröstet über den Verlust aller Zivilisationsgüter hinweg, den sie voraussetzt. Sie empfängt ihre Heilung durch furchtbare Notwenigkeiten und bittere Opfer [...] ‚Wir' waren ein Kollektivwesen, und mit der ganzen intellektuellen Feigheit und Verlogenheit des Kollektivwesens ignorierten oder bagatellisierten wir instinktiv alles, was unsere kollektive Selbstzufriedenheit hätte stören können [...]. Ein Deutsches Reich im Kleinen. Es war auffällig, wie die Kameradschaft alle Elemente von Individualität und Zivilisation aktiv zersetzte." Und weiter heißt es: „[...] Kameradschaft bedeutet unvermeidlich Fixierung des geistigen Niveaus auf der niedrigsten, der letzten gerade mal zugänglichen Stufe. Sie erträgt keine Diskussion; Diskussion nimmt in der chemischen Lösung Kameradschaft sofort die Farbe der Quengelei und Stänkerei an und ist eine Todsünde. In der Kameradschaft gedeihen keine Gedanken, sondern nur Massenvorstellungen primitivster Art [...]. Man sagt, die Deutschen seien geknechtet. Das ist nur halb richtig. Sie sind zugleich etwas anderes – schlimmeres – wofür es noch kein Wort gibt. Sie sind verkameradet. Ein schrecklich gefährlicher Zustand. Man ist unter einem Zauber dabei. Man lebt in einer Traum- und Rauschwelt. Man ist so glücklich darin und so furchtbar entwertet. So zufrieden mit sich, und dabei so grenzenlos häßlich. So stolz, und so überaus gemein und untermenschlich. Man glaubt auf Gipfeln zu wandeln und man kriecht im Sumpf. Solange der Bann anhält, gibt es fast kein Mittel dagegen."[107]

---

106 Herbert Marcuse: „Über soziale und politische Aspekte des Nationalsozialismus",
     in: ders.: *Feindanalysen. Über die Deutschen.* Hg. v. Peter Erwin Jansen, Lüneburg
     1998, S. 103
107 Haffner 2000 (Anm. 103), S. 281ff. „Kameradschaft" war auch für Rudolf Höß,
     Kommandant in Auschwitz, der Grund, weshalb er, der zunächst Priester werden

Was hier so plastisch als Kameradschaft beschrieben ist, war jener kollektive Wahn, den die Psychoanalyse bereits kurz nach dem Ersten Weltkrieg analysiert hat. Freud ging damals, wohl aus Anlaß dieser politischen Katastrophe, der Frage nach, was denn Individuen tatsächlich zu einem Kollektiv werden läßt und sie auf Gedeih und Verderb aneinander bindet. In seiner Schrift *Massenpsychologie und Ich-Analyse* untersuchte Freud das Individuum, sofern es einer Masse angehört und deren Zusammenhalt ermöglicht. Es handelt sich dabei, so Freud, um eine soziale Beziehungsstruktur, die das Individuum ursprünglich in der bürgerlichen Kleinfamilie, im Verhältnis zu seinen Eltern und den Geschwistern entwickelt hat, und die auf libidinösen Bindungen beruht. Diese Bindungen sind auch der Kitt, durch den eine Masse zusammengehalten wird und zwar in zweifacher Weise: „einerseits an den Führer [...], andrerseits an die anderen Massenindividuen."[108] Freud erklärt die libidinösen Bindungen der Massenmenschen untereinander mit Identifizierung, „der frühesten Äußerung an eine andere Person."[109] Eine Masse besteht demnach aus einer „Anzahl von Individuen, die ein und dasselbe Objekt an die Stelle ihres Ich-Ideals gesetzt und sich infolge dessen in ihrem Ich miteinander identifiziert haben."[110] Unter dem Ich-Ideal oder Über-Ich versteht Freud die verinnerlichte Autorität des Vaters, Resultat der Bewältigung des Ödipus-Komplexes. Indem die internalisierte Autorität durch ein Objekt, etwa den Führer, ersetzt wird, entsteht eine direkte Bindung an ihn. Ein wesentliches Phänomen ist die seelische Regression, der die Individuen in der Masse anheimfallen. Freud nennt hier „Züge von Schwächung der intellektuellen Leistung, von Ungehemmtheit der Affektivität, die Unfähigkeit zur Mäßigung und zum Aufschub, die Neigung zur Überschreitung aller Schranken in der Gefühlsäußerung und zur vollen Abfuhr derselben Handlung [...]."[111] Die Massenbildung wirkt durch die Regression befreiend, das Gewissen ist außer Kraft gesetzt und es ist „eine genußreiche Empfindung für die Beteiligten, sich so schrankenlos ihren Leidenschaften hinzugeben [...], das Gefühl ihrer individuellen Abgrenzung zu

---

wollte, zu Beginn der zwanziger Jahre dennoch beschloß, sich beim Freiwilligen Korps im Baltikum zum Grenzschutz zu melden. „So ward plötzlich mein Berufsproblem gelöst und ich wurde wieder Soldat. Ich fand wieder eine Heimat, ein Geborgensein in der Kameradschaft der Kameraden. Und seltsam, ich der Einzelgänger, der all das innere Erleben, all das Aufrührende mit sich selbst abmachen mußte, fühlte mich stets hingezogen zu einer Kameradschaft, in der sich einer auf den anderen in der Not und Gefahr unbedingt verlassen konnte." *Kommandant in Auschwitz. Autobiographische Aufzeichnungen des Rudolf Höß.* Hg. v. Martin Broszat, München 2006, S. 49

108 Sigmund Freud, *Massenpsychologie und Ich-Analyse*, GW Bd. XIII, S. 128
109 Ebd., S. 115
110 Ebd., S. 128
111 Ebd., S. 129

verlieren."[112] Später hat Freud im Hinblick auf den Antisemitismus bemerkt, daß „das Gemeinschaftsgefühl der Massen zu seiner Ergänzung die Feindseligkeit gegen eine außenstehende Minderzahl"[113] benötige, daß sich also eine Gemeinschaft stets in Abgrenzung von anderen Individuen oder einer anderen Gemeinschaft definiere.

Rassismus und Antisemitismus waren es auch, die die nationalsozialistische Jugend bis in den Tod aneinanderband: „Die gesamte Erziehungs- und Bildungsarbeit des völkischen Staates", schrieb Hitler in *Mein Kampf*, „muß ihre Krönung darin finden, daß sie den Rassesinn und das Rassegefühl instinkt- und verstandesmäßig in Herz und Gehirn der ihr anvertrauten Jugend hineinbrennt. Es soll kein Knabe und kein Mädchen die Schule verlassen, ohne zur letzten Erkenntnis über die Notwendigkeit und das Wesen der Blutreinheit geführt worden zu sein."[114] Die völkische Rassenlehre, die die jüdische Minorität als „Gegenrasse" konstruiert, hatte in den Juden jenen äußeren Feind dingfest gemacht, dessen es unbedingt bedurfte, um die nationalsozialistische Gemeinschaft überhaupt erst als eine von Gleichgesinnten zu definieren und als verschworenes Kollektiv zusammenzuschweißen.

Schule als unmittelbare Herrschaft: Nazifizierung des Erziehungswesens in der „Ostmark"

Am 1. April 1938 hatte auch das Bundesministerium für Unterricht durch eine Verordnung kundgetan, daß die Einigung Deutschlands unter dem Banner des Nationalsozialismus vollzogen sei: „Das deutsche Volk befindet sich heute in vollem Aufbruch, es formt seine innere und äußere Welt neu, ein ungeheures Ringen von Geist zu Geist von einer Größe und Tiefe, wie es wohl überhaupt in unserem Volke der Dichter und Denker möglich ist, hat begonnen. Wir Österreicher wollen da nicht beiseite stehen, nein wir wollen dabei sein in der großen Schlacht um den deutschen Geist und uns Siegeskränze holen."[115] Nicht beiseite stehen hieß auch, daß bereits wenige Tage nach dem Berchtesgadener Abkommen zwischen Hitler und Schuschnigg am 12. Februar 1938, in einer Art vorauseilendem Gehorsam, durch einen Erlaß angeordnet worden war, gleich sämtliche Disziplinarstrafen, die über Schüler oder Studenten wegen illegaler nationalsozialistischer Vergehen verhängt worden waren, „nachzusehen" bzw. laufende ge-

---

112 Ebd., S. 91
113 Sigmund Freud: *Der Mann Moses und die monotheistische Religion*, GW Bd. XVI, S. 197
114 Hitler 1934 (Anm. 100), S. 475f.
115 *Ministerialverordnungsblatt* 1938, 1. April 1938

richtliche oder verwaltungsbehördliche Verfahren gegen sie einzustellen.[116] Mit welch Genugtuung und triumphalem Gefühl diese Schüler an ihre Anstalten zurückkehrten und wie sehr diese Maßnahme das ohnehin schon angespannte politische Klima zusätzlich anheizte, ist nicht schwer vorzustellen. Doch gehörten dergleichen Provokationen auch an den Schulen zum Alltag: Jetzt, wo der Sieg greifbar nahe war, konnte man endlich seine nationalsozialistische Gesinnung offen und hemmungslos zur Schau tragen, seinem Haß und seinen Ressentiments auf all jene, die sich nicht längst angepaßt hatten, freien Lauf lassen und jüdische Lehrer und Schüler brüskieren. Plötzlich verlor der Unterricht an Bedeutung; gelernt wurde, wenn überhaupt, nur nebenbei. Die Schulbehörden waren instruiert, auf die verminderten Leistungen mit äußerster Nachsicht zu reagieren. Diese „Nachsicht" wurde schließlich so weit getrieben, daß am Jahresende die Noten des ersten Semesters die Grundlage für die Jahresbeurteilung bildeten und Schülern, die den illegalen Nationalsozialisten angehörten und als politisch geschädigt galten, eine besonders großzügige Behandlung und Förderung zuteil wurde.[117] Darüber hinaus waren sämtliche Anstaltsleitungen angewiesen worden, „das Erziehungswerk der HJ [...] in großzügigster Weise zu fördern", d. h. Schulräume und Turnsäle für ihre Veranstaltungen zur Verfügung zu stellen.[118] Zahlreiche Lehrer und in der HJ engagierte Schüler versahen in den unterschiedlichen Bereichen und Funktionen der NSDAP jetzt auch außerhalb der Schule ihren Dienst. Vorbei die Zeit des gewohnten, oft eintönigen Unterrichts: „Das große weltgeschichtliche Ereignis, die Wiedervereinigung Österreichs mit dem deutschen Vaterlande, das das ganze deutsche Volk beglückt erlebte, hat auch die deutsche Jugend zutiefst aufgewühlt. Von einer geregelten Unterrichts- und Lernarbeit konnte daher in diesen Tagen und kann voraussichtlich auch in den nächsten Wochen nicht die Rede sein."[119] Schon Tage vor dem Einmarsch der Deutschen Wehrmacht waren die Schulen geschlossen geblieben. Am 21. März fanden dann an allen Anstalten Feiern statt, wie etwa im Piaristengymnasium, wo dieser Tag „den Höhepunkt im Schulerleben" bildete, „an dem sich nach dem unerhört gewaltigen Geschehen des Umbruches Lehrer und Schüler [...] im Festsaale zum ersten Male wieder trafen. Nachdem die Klassen ihre Plätze eingenommen hatten, zogen die illegale HJ und die Träger der Hakenkreuzwimpel, vom Schulführer Karl Schmied (7b) befehligt, unter den Klängen des Fehrbelli-

116 Engelbrecht 1988 (Anm. 15), Bd. 5, S. 304
117 Ebd., S. 333
118 Ursula Patzer: „Die Wiener Schulen im März und April 1938", in: *Forschungen und Beiträge zur Wiener Stadtgeschichte*, 2, 1978, S. 286–292
119 Verordnungsblatt des Stadtschulrates für Wien, Jg. 1938, St. VIII, 15. April 1938

ner Reitermarsches ein. Es war, als hätten diese tapferen Jungen das alles seit Monaten vorbereitet und geübt, so marschierten und standen sie."[120]

Auch in den folgenden Wochen war der Unterricht immer wieder wegen „der starken Inanspruchnahme der Schüler im Dienste der nationalen Erhebung" unterbrochen worden; und mit dieser rauschhaften, überschäumenden Betriebsamkeit ging es auch in den kommenden Wochen weiter. Die Teilnahme an den unterschiedlichsten Feiern und Festen, Gedenkkundgebungen, das Absingen von Liedern, die aufwendige Inszenierung von Appellen und Aufmärschen, kurzum das volksgemeinschaftliche Erleben sollte die Begeisterung bei Schülern und Lehrern für den neuen Staat schüren, sie taub und blind machen, für das was unmittelbar bevorstand. Ganze Schulklassen wurden zur Spalierbildung in den Straßen Wiens abkommandiert, wie etwa zum Empfang Görings am 26. und Goebbels' am 29. März, oder beim Einzug der Österreichischen Legion.[121] Wenngleich bei all diesen Veranstaltungen ausschließlich die Teilnahme nichtjüdischer Schüler erwünscht war[122] und der *Völkische Beobachter* gegen jüdische Lehrer und Schüler, die angeblich von solchen Jubelfeiern längst ausgeschlossen waren,[123] hetzte, erinnert sich Shemuel Katz daran, daß er gemeinsam mit anderen jüdischen Klassenkameraden ebenfalls abkommandiert worden war, um am Belvedere Spalier zu stehen und Göring zuzujubeln.[124] Was für eine Erfahrung das war, als jüdischer Jugendlicher inmitten einer Menge hysterischer und fanatisierter Nationalsozialisten zu stehen, läßt sich kaum ausmachen.

Dieser Zwang zum volksgemeinschaftlichen „Jubeln" war um so grotesker, als im Unterricht die Separierung jüdischer Schüler an vielen Anstalten zumindest innerhalb einzelner Klassen bereits klar vollzogen war: „Schon am ersten Tag [nachdem die Schule wieder öffnete], ist mir doch aufgegangen, daß für uns Juden das nicht gut war. Unser Lehrer, leider kann ich mich nicht an seinen Namen erinnern, sagte gleich in der Frühe, alle jüdischen Schüler auf die linke Seite im Klassenzimmer und arische Kinder auf die rechte Seite. Er sagte das mit Tränen in den Augen, und hätte er dem Befehl nicht gefolgt, so hätte er sicher seinen Posten verloren. Ich glaube, er hieß Prof. Joelson. Er war auf jeden Fall die kurze Zeit, die wir noch in die Schule gingen, immer gut zu uns."[125] Prof. Joelson war jedoch eine Ausnahme, ebenso wie der Leiter der Realschule in der Schottenba-

120 *LXXVII. Jahresbericht über das Staatsgymnasium im VIII. Wiener Gemeindebezirke für das Schuljahr 1937/38*, Wien 1938, o. S.
121 Patzer 1978 (Anm. 118), S. 278
122 Ebd.
123 *Völkischer Beobachter*, 22. März 1938, S. 13
124 Shemuel A. Katz: *Mein Schicksal war die Ausnahme. Erinnerungen eines Zeichners und Karikaturisten an Österreich, Ungarn und Israel*. Wien 2001, S. 20
125 Martha Werbel: Brief v. 14. April 1999, Gedenkstätte Karajangasse

stei: „Am Tag der Wiedereröffnung wurden alle Schüler und Lehrer im großen Saal gesammelt. Der Direktor sagte uns ungefähr: ‚Sie wissen ja was geschehen ist. Solange ich Direktor bin, werde ich nicht zwischen meinen Schülern und Lehrern unterscheiden.' Nächsten Tag war er schon nicht mehr Direktor."[126]

Am 2. April wurde der Schulbetrieb erneut eingestellt, um die Volksabstimmung über den Anschluß Österreichs an das Deutsche Reich vorzubereiten. Die Schulräume dienten zumeist als Wahllokale, die Lehrer wurden kurzerhand in die Wahlkommissionen berufen. Unmittelbar nach der Volksabstimmung am 10. April begannen die Osterferien, die bis zum 19. April dauerten. Einen Tag später schließlich öffneten die Schulen erneut, wieder mit einer großangelegten Feier, diesmal aus Anlaß von Hitlers Geburtstag.

Schüler und Schülerinnen aber, die sich diesem kollektiven Treiben innerlich widersetzten und sich ihm nicht anschlossen, waren aus ihrem seelischen Gleichgewicht geworfen; für jüdische Schüler hatte zudem die öffentliche Erregung des nationalsozialistischen Pöbels samt seiner zahlreichen für sie demütigenden Maßnahmen und der beklemmenden Atmosphäre etwas existentiell Bedrohliches, erzeugten Angst und Irritation und ließen keinerlei Zweifel daran aufkommen, was in unmittelbarer Zukunft auf sie zukommen würde. Der damals 16jährige Egon Schwarz besuchte das Gymnasium in der Stubenbastei: „Einige Wochen nach dem ‚Anschluß' erschien ein Anschlag auf dem Schultor: der Unterricht würde wegen der militärischen Einquartierung im Akademischen Gymnasium fortgesetzt, wo, um mit der Überbelastung fertigzuwerden, in zwei Schichten gearbeitet werden solle. Diese Anomalität allein hätte schon genügt, um unser Schulleben gründlich zu verfremden: Statt des vertrauten Schulwegs eine fremde Strecke, statt der jahrelang von uns bewohnten Wände ein unbekanntes Gebäude, statt des mit pedantischer Genauigkeit eingehaltenen Stundenplans völlig neue Schulzeiten – alles das hatte für uns an österreichische Beamtenunveränderlichkeit Gewohnte etwas nahezu Aufrührerisches, den gewaltigen Zeitläufen Entsprechendes. Tatsächlich überschatteten und lähmten die neuen Verhältnisse jeden Lehr- und Lernvorgang. Die Unterrichtsstunden wurden so weit wie möglich mit gegenstandsfernen Dingen hingebracht und in stillschweigender Übereinkunft wurden die Aufgaben weder von den Schülern präpariert noch von den Lehrern abgehört [...]. Darin, daß einer stramm und überbetont den nun vorgeschriebenen Hitlergruß am Klassenanfang ausführte wie ein bekannt teutonisch gesinnter Lehrer, oder wie unser Klassenvorstand, die Sache durch lässiges, halbes Heben der Hand als peinliche Notwendigkeit abtat, gab sich Wesentliches zu erkennen. Man entwickelte damals sehr bald ein überaus feines Sensorium für Nuancen und Untertöne, die an die Stelle konkreter Informationen und ehrlicher Aussprachen tra-

---

126   Dan Naaman: Brief v. 26. November 2005

ten. Als man erfuhr, daß der Vater eines jüdischen Mitschülers, ein bekannter Rechtsanwalt, Selbstmord verübt hatte, quittierte ein Lehrer die Nachricht mit einem gemurmelten Hinweis auf die ‚Härten einer jeden neuen Zeit' und ließ sich bereits auf Grund dieses vorsichtigen Eingeständnisses, dieses wenig expliziten Mitgefühls als freisinniger Liberaler und potentieller Gegner der sich um uns abspielenden Umwälzungen einstufen, während andere durch offene antisemitische Witzeleien und Gehässigkeiten ihren Konformismus mit den Ereignissen bekundeten. So erklärte zum Beispiel einer unserer Professoren, als verkündet wurde, daß die jüdischen Schüler das Gymnasium verlassen und in eine eigene Anstalt überführt werden würden, diese Maßnahme fände seine ungeschmälerte Zustimmung, da es doch an der Zeit sei, das ‚chinesische Teehaus' loszuwerden, die ‚chaotische Judenschule', in die unsere Anwesenheit den Unterricht seit eh und je verwandelt hätte."[127] Dieses „chinesische Teehaus" existierte seit der Angliederung Österreichs an das Deutsche Reich in einer Art gespenstischem Interregnum, bevor es Ende April zerschlagen und endgültig von den Anstalten verbannt werden sollte.

Parallel zu dem für jüdische Schüler so bedrückenden Schulalltag führten die Nationalsozialisten eine Reihe von Maßnahmen durch, die das Schulwesen insgesamt der Kontrolle des Staates unterwarfen. Dazu bedurfte es auf organisatorischer Ebene zunächst der Degradierung des für die Ostmark bislang zuständigen Unterrichtsministeriums und dessen unmittelbare Angliederung an die Abteilung IV des neu errichteten Ministeriums für innere und kulturelle Angelegenheiten. Dafür zuständig war der Reichskommissar für die Wiedervereinigung Österreichs mit dem Deutschen Reich, Gauleiter Josef Bürckel, der bereits Ende Mai dem offenkundigen Bestreben der Wiener Bürokratie, diese für die „Ostmark" zuständige Zentralstelle zu erhalten, energisch entgegengetreten war. Das Ministerium für innere und kulturelle Angelegenheiten liquidierte sich schließlich selbst am 1. Juni 1940 gemäß den Bestimmungen des „Ostmarkgesetzes". Seine Kompetenzen waren danach auf die einzelnen Gaue und das Reichsministerium für Wissenschaft, Erziehung und Volksbildung übergegangen, das in grundsätzlichen Fragen direkte Weisungen erteilen und Kontrollrechte ausüben konnte.[128]

Eine Besonderheit des österreichischen Schulwesens bestand in seiner stark konfessionellen Ausrichtung. Nachdem nun Hitler am 22. Mai 1938 das österreichische Konkordat für erloschen erklärt hatte, konnte auch die Macht der katholischen Kirche gebrochen, konnten die konfessionellen Anstalten ausgeschaltet werden. Nur „eine einzige Schule" hatte zu existieren, und „das ist die national-

---

127   Egon Schwarz: *Keine Zeit für Eichendorff, Chronik unfreiwilliger Wanderjahre.* Frankfurt/M 1979, S. 67f.
128   Dachs 1988 (Anm. 12), S. 224

sozialistische Schule des Staates."[129] Die Liquidierung dieser Einrichtungen stellte insofern ein großes Problem dar, weil in Österreich der Anteil an Privatschulen mit Öffentlichkeitsrecht, die ursprünglich vom Klerus aufgebaut und geführt worden waren, bis 1938 außerordentlich hoch war. Nicht nur Kindergärten, Volks-, Haupt- und Sonderschulen, sondern auch der Sekundarschulbereich waren davon stark betroffen: von den 168 allgemeinbildenden „Mittelschulen" befanden sich 45 Anstalten, also nahezu 27 Prozent, im Besitz der Kirche.[130] Im Bereich der berufsbildenden Schulen war der Anteil der von Kirchen und Religionsgemeinschaften geleiteten Anstalten sogar noch höher. Bereits zu Beginn des Schuljahres 1938/39 war es den Nationalsozialisten gelungen, die Positionen der Kirche im österreichischen Schulwesen zu beseitigen: Alle konfessionellen vorschulischen und schulischen Einrichtungen hatten ihre Pforten geschlossen bzw. waren zum überwiegenden Teil vom Staat oder den Gemeinden übernommen, die aufgehobenen Privatgymnasien großteils als Regelschulen unter staatlicher Aufsicht weitergeführt worden. Zugleich wurden durch eine ganze Reihe von Erlässen religiöse Veranstaltungen wie etwa der Religionsunterricht immer stärker an den Rand gedrängt, um letzteren schließlich zu einem nichtbenoteten Freigegenstand herabzustufen sowie Geistlichen den Unterricht zu untersagen. Dies mit dem erklärten Ziel, „den Religionsunterricht als dem Schulunterricht im Grunde wesensfremd in den Schulen der Ostmark schließlich völlig zu beseitigen und ihn den Konfessionen außerhalb der Schule zu überlassen."[131] Daß sich der Klerus seiner realen Macht und seines Einflusses im Bereich des österreichischen Schulwesens sozusagen über Nacht und widerstandslos berauben und fast enteignen ließ, scheint nur auf den ersten Blick erstaunlich: Hatten doch die österreichischen Erzbischöfe und Bischöfe in ihrer Bischofserklärung der nationalsozialistischen Bewegung attestiert, „Hervorragendes" auf dem „Gebiet des völkischen und wirtschaftlichen Aufbaues sowie in der Sozialpolitik" geleistet zu haben, und „die gläubigen Christen" offiziell dazu aufgefordert, sich am Tage der Volksabstimmung „als Deutsche zum Deutschen Reich zu bekennen,"[132] um auf diese Weise ihre Einflußmöglichkeiten zu retten. Und es war niemand geringerer als

---

129 Karl Springenschmid: „Nur der Staat erzieht", in: *Deutsche Bergschule* 18. 2. 39,
     1. Jg., 4. Folge, S. 2
130 Engelbrecht 1988 (Anm. 15), S. 309
131 *Entkonfessionalisierung der Erziehung in der Ostmark.* Hg. v. Ministerium für innere und kulturelle Angelegenheiten, Abt. IV, Wien 1940, S. 9, zit. n. Dachs 1988
     (Anm. 12), S. 225
132 *Völkischer Beobachter*, 28. März 1938, S. 1f.

der höchste Würdenträger Österreichs, Kardinal Innitzer, der kurz vor dem 10. April auf „Gehorsam gegen die neue weltliche Obrigkeit" insistiert hatte.[133] Die Schule der unmittelbaren Kontrolle des Staates zu unterwerfen, war umso leichter zu bewerkstelligen, je mehr die ursprüngliche Vielfalt der Schultypen eingeschränkt und das Schulsystem insgesamt vereinheitlicht wurde. Im Zuge der Angleichung der unterschiedlichen Anstaltsmodelle an das Deutsche Reich erfuhr insbesondere der Sekundarschulbereich in Österreich die stärksten Veränderungen. Die erst 1937/38 im Altreich begonnene „Neuordnung des höheren Schulwesens" hatte als Hauptform die Errichtung einer achtklassigen Oberschule für Jungen zur Folge. Das humanistische Gymnasium war nur als Sonderform zugelassen, und es durfte auch nur dort bestehen, wo schon eine Oberschule existierte. Mädchen war der Zugang nur in Ausnahmefällen gestattet, für sie war als einziger Typ die „Oberschule für Mädchen" eingerichtet worden. Welche Einschränkung die humanistische Bildung insgesamt erfuhr, zeigt der Umstand, daß von den insgesamt 52 Gymnasien, die vor 1938 existierten, letztlich nur 16 übrig blieben.[134]

Da jeder nichtstaatlich gelenkte Einfluß eliminiert werden mußte, waren die Privatschulen ebenso der Liquidation anheimgefallen, und auch auf diesem Sektor waren die Mädchenschulen am ärgsten in Mitleidenschaft gezogen. In der Regel gingen diese Anstalten, darunter auch konfessionelle, in staatliche Verwaltung über, in manchen Fällen wurden deren Direktoren durch politisch „verläßliche" kommissarische Leiter ersetzt. Den Schulen entzog man das Öffentlichkeitsrecht, was schließlich zur Einstellung des Unterrichts führte. Allein die Zahl der allgemeinbildenden Sekundarschulen reduzierte sich damals von 168 auf 140, zwölf Anstalten für Mädchen, darunter fünf weltliche, wurden aufgelassen.[135] Geschlossen wurden natürlich auch jene Schulen, die von jüdischen Frauen gegründet und geleitet und von vorwiegend jüdischen Schülerinnen besucht worden waren und schon allein deshalb den Zorn der Nationalsozialisten auf sich zogen. Im Falle des Wiener Realgymnasiums Luithlen und der populären Schwarzwald-Schule läßt sich konkret zeigen, welche Folgen die Schließung dieser Einrichtungen für Schülerinnen, Lehrerinnen und Direktorinnen nach sich zog. Die ältere der beiden Anstalten, das Luithlen, war schon 1861 als Höhere-Töchter-Schule gegründet, ab 1916 als Realgymnasium geführt und Ende des Schuljahres 1936/37 von 241 vorwiegend jüdischen Mädchen besucht worden. Am 29. April 1938 mußten die jüdischen Schülerinnen und auch die Lehrerschaft das Gymna-

133 *Neue Züricher Zeitung*, 8. April 1938, Bl. 1, zit. n. Gerhard Botz: zit. n. Gerhard Botz: *Nationalsozialismus in Wien*, Buchloe 1988, S. 123f.
134 Engelbrecht 1988 (Anm. 15), S. 319f.
135 Ebd., S. 312f.

sium verlassen, die wenigen nichtjüdischen wurden in das Bundes-Realgymnasium in der Kalvarienberggasse im 17. Gemeindebezirk umgeschult, die Anstalt
noch während des Schuljahres von den Nationalsozialisten geschlossen. Für die
Schwarzwaldschen Schulanstalten hingegen, und das betraf sowohl das Realgymnasium als auch die Frauenoberschule, wurde am 22. April 1938 ein kom-
missarischer Unterbevollmächtigter bestellt, dem man auch die Leitung der Schule übertrug. Zugleich mußte der gesamte Vorstand zurücktreten, um einem neuen
„arischen" Vorstand Platz zu machen, Ende April wurden dann auch die jüdischen Lehrer entlassen. Ihren legendären Ruf verdankte die Schwarzwald-Schule
ihrer Gründerin, Eugenie Schwarzwald, die 1902, zu einem Zeitpunkt, als es in
Wien nur ein einziges Mädchengymnasium gab, sogenannte Gymnasialkurse an
ihrer Schule einrichtete, die es Frauen ermöglichten, dort ihre Matura zu machen.
Sie engagierte Lehrer wie Adolf Loos, der auch den Festsaal architektonisch gestaltete, Oskar Kokoschka, der Zeichnen unterrichtete, und Arnold Schönberg,
der dort seine berühmten Seminare für Komposition hielt. Die Schriftstellerin
Hilde Spiel, die Psychoanalytikerinnen Marie Langer und Sophie Freud, aber
auch die Schauspielerin Elisabeth Neumann-Viertel drückten dort einst die
Schulbank. Daß sich selbst der „neue" Direktor von dieser traditionsreichen
Schule beeindruckt zeigte, geht aus seinem Bericht an den Stadtschulrat hervor:
Darin hebt er vor allem ihre „zentrale Lage", die „reichhaltigen Einrichtungen",
die hellen Klassenräume, die hervorragende, umfangreiche Bibliothek, die sonni-
ge Dachterrasse und den „wirklich ausgezeichneten Schulbetrieb" lobend hervor,
den er auch in Zukunft, freilich nur für „arische Mädchen", zu erhalten empfahl.
Diese Empfehlung aber stieß auf taube Ohren. Mit dem Hinweis darauf, wie sehr
die Schule vor dem „Umbruch verjudet" war, wurde das Ansuchen abgelehnt,
und die Räumlichkeiten wurden mit 30. August 1938 für immer geschlossen. Das
Vermögen der Anstalt von mehr als 10.000 Reichsmark, die kostbaren Sammlun-
gen und die Bibliothek wurden beschlagnahmt und schließlich konfisziert. Genia
Schwarzwald aber, die sich im März 1938 auf einer Vortragsreise in Dänemark
aufhielt, sollte nie wieder nach Wien zurückkehren; sie war aus Angst vor den
Nationalsozialisten nach Zürich geflüchtet, wo sie bald darauf verstarb.[136]
   Neben diesen zahlreichen organisatorischen Maßnahmen, den Verstaatli-
chungen, Schließungen und Arisierungen von Schulen sowie den verschiedenen
Neugründungen, wie etwa den Nationalpolitischen Erziehungsanstalten oder den
Landfrauschulen, die der Vereinheitlichung eine neue „Vielfalt" entgegensetzten,
mußten auch Lehrstoff und Unterrichtsgestaltung dem nationalsozialistischen
Bildungsziel angepaßt und verändert werden. Zwar wurde zunächst noch nach

---

136   Vgl. Renate Göllner: *Kein Puppenheim. Genia Schwarzwald und die Emanzipation.*
      Wien/Frankfurt/M. 1999

den alten Lehrplänen unterrichtet, da eine so prompte Umstellung weder organisatorisch noch administrativ zu bewältigen war,[137] unterrichtet werden aber durfte nur, was nicht im Widerspruch zum Geist des Nationalsozialismus stand. Ebenso wurden auch die Lehrbücher zunächst noch weiter verwendet, allerdings in gleichsam „gesäuberter" Weise. Es komme darauf an, aus welcher Perspektive der Lehrer den Schülern den Stoff präsentiere. „Insbesondere im Deutschunterricht", so lautete die Anweisung des Stadtschulrats, „im Unterricht der Geschichte und der Philosophie wird bei vorläufiger Weitergeltung der vorhandenen Lehrpläne nicht nur die Auswahl des zu behandelnden Stoffes einer besonderen Aufmerksamkeit bedürfen, sondern öfters auch eine Richtigstellung der im Lehrbuch vertretenen Anschauungen notwendig sein."[138]

Am Beispiel einiger Aufsatzthemen aus dem Deutschunterricht einer fünften Klasse Gymnasium wird diese „Richtigstellung" deutlich: Da mußten 15jährige etwa über „Erlebnisse eines Hitlerjungen in der Verbotszeit", „Die Wichtigkeit des Luftschutzes" oder über „Volksgemeinschaft – Schicksalsgemeinschaft" eine Arbeit schreiben, Themen, die eine besondere Lektüre erst gar nicht erforderten.[139] Im übrigen ist es auch wenig überraschend, daß die Liste jener Bücher, die aus den Lehr- und Schulbüchereien entfernt werden mußten, sich nicht wesentlich von jener unterschied, nach der schon im Jahr 1933 in Berlin die Bücher den Flammen übergeben worden waren, unter anderem waren dies
„Werke von Juden und deren Gefolgschaft, z. B. von Psychoanalytikern, Individualpsychologen, Montessori, Bühler u. s. w.;
Schriften, welche pazifistischen, paneuropäischen, freimaurerischen Idealen dienen Schriften aus der Sphäre des Völkerbundes;
Werke marxistischer und kommunistischer Richtung, Schriften des Regimes Glöckel;
Die im Geiste des österreichischen Menschen verfaßten separatistischen Werke und Jugendbücher;
Werke und Schriften, welche Deutschland und seine großen Männer und Helden herabsetzen; Schriften, welche die Kultur der Franzosen, Engländer, Amerikaner über die deutsche zu erheben versuchen, z. B. die Werke der Brüder Mann, Remarque usw.,
Veröffentlichungen von Vertretern der ‚entarteten Kunst' […]."[140]

---

137 Erst mit Beginn des folgenden Schuljahres 1938/39 galten die neuen Lehrpläne, bis zur völligen Angleichung dauerte es ein weiteres Jahr.
138 *Verordnungsblatt des Stadtschulrates für Wien*, April 1938, Nr. 49
139 *Jahresbericht des Staatsgymnasiums im 6. Bezirke in Wien.* Erstattet für das Schuljahr 1937/38 vom kommissarischen Leiter Dr. Anton Stranzinger, S. 15
140 Ebd., St. X, 15. Mai 1938, Nr. 71

Mit der Eliminierung jüdischer Schriftsteller sowie anderer zu Feinden des Regimes erklärter Autoren aus den geistesgeschichtlichen Fächern war jedenfalls ein so elementarer ideologischer Eingriff in den Unterricht vollzogen, daß die dann im Herbst 1938 erfolgte definitive Umgestaltung der Lehrpläne kaum mehr ins Gewicht fiel. Genau betrachtet waren längst jene Richtlinien in Kraft gesetzt, die zwischen 1937 und 1939 im Altreich erlassen worden waren und deren allgemeinstes Ziel die „Formung des nationalsozialistischen Menschen" war. Diese „Formung" bestand in einer Erziehung „zu körperlich, seelisch und geistig gesunden und starken deutschen Männern und Frauen", samt Ausprägung männlicher und weiblicher Wesenzüge gemäß der „naturgegebenen Verschiedenheit der Geschlechter", der Verankerung der Heranwachsenden „in der großen politischen Volks- und Wehrgemeinschaft" sowie der „Entwicklung" und „Nutzbarmachung" „aller Kräfte der Jugend für den Dienst an Volk und Staat."[141]

„Priester des nationalsozialistischen Glaubens"[142]

Wie bereits erwähnt, hatten sich viele Lehrer lange vor der Machtübernahme dem Nationalsozialistischen Lehrerbund (NSLB) angeschlossen, dessen illegaler Leiter Dr. Max Fritz im Jahr 1938 als Gauwalter desselben zum Präsidenten des Stadtschulrats avancierte. Nichts charakterisiert die politische Einstellung dieser Berufsgruppe besser als der Umstand, daß man dem NSLB rückblickend stolz bescheinigen konnte, ihm hätten schon vor 1933 „verhältnismäßig weit mehr Lehrer angehört, als der Schwesterorganisation im Altreich."[143] Damals, im Mai jenes Jahres, betrug die Zahl seiner Mitglieder bereits 2292 Lehrer, wobei der Anteil der Mittelschullehrer mit mehr als einem Fünftel (469) am höchsten war.[144] Nach dem Juliabkommen 1936 wurde schließlich die innere Struktur der Organisation gestrafft und die Verbindung zur Partei ausgebaut, die auch prompt den Auftrag erteilte, „die schulpolitischen Belange der NSDAP bei den Behörden zu vertreten, die politischen Gutachten für Lehrer zu erstellen und die Wünsche bei Stellenbesetzungen durchzusetzen."[145] Schließlich hatte sich gezeigt, „daß die Politisierung der Jugend sehr leicht möglich war, daß es kaum eine Klasse gege-

---

141 Vgl. Keim 1997 (Anm. 21), Bd. 2, S. 42
142 *Der Erzieher im Donauland*, 1. Jg. Heft 1, Wien 1. Jänner 1939, S. 26
143 E. Mayer-Löwenschwerdt: „Der Kampf nationalsozialistischer Lehrer in der Ostmark", in: *Weltanschauung und Schule*, 2, 1938, S. 385
144 Wilhelm Pöperl: „Geschichte des NSLB Österreichs von der Gründung bis zum Verbot", in: *Der Erzieher im Donauland* (Anm. 142), S. 14
145 Organisationsbuch der NSDAP, 1936. S. 252, zit. n. Engelbrecht 1978 (Anm. 14), S. 108

ben hat, die über die Einstellung ihrer Lehrer im Unklaren war und daß sich nur der Lehrer die Achtung der Jugend sichern konnte, der als Bekenner trat vor sie, die strengste Richterin aller Lehrerarbeit."[146] Diese dreiste Vorgangsweise stellte einen Aufruf zur Erfassung und Denunziation aller politisch Andersgesinnten dar. 1938 jedenfalls war der NSLB als einzige Lehrerorganisation derart gut formiert und ideologisch gefestigt, daß etwa aus Niederösterreich selbstbewußt vermeldet werden konnte, nach der Volksabstimmung am 10. April 1938 sei durch eine Versammlungswelle „innerhalb von genau vier Wochen die gesamte Erzieher- schaft des Gaues erfaßt und einheitlich ausgerichtet" worden.[147]

Um diese einheitliche Ausrichtung auch wirklich durchsetzen zu können, wa- ren von den Nationalsozialisten bereits während der Märztage alle Personen an den wichtigen Stellen im Schulwesen, vom Schulleiter aufwärts, von den Kreis- leitern ihres Dienstes enthoben und durch kommissarische Leiter ersetzt worden – Maßnahmen, von welchen beinahe das gesamte Schulmanagement betroffen war. Allein in Wien wurden in diesem Zeitraum 34 Mittelschuldirektorenstel- len[148] sofort umbesetzt, während in Niederösterreich praktisch sämtliche Direkto- ren Höherer Schulen abgelöst wurden. Erich Schnitzer, damals Schüler des Gym- nasiums Unterbergergasse, erinnert sich, daß nach dem „Anschluß" die Schule einige Tage geschlossen war. „Unser Gefühl als Juden war sehr schlecht, die Zu- kunft sah sehr schlecht aus. Ich erinnere mich noch sehr gut an das was am ersten Schultag geschah. Ich sah unseren Direktor wie er sich langsam – an die Mauer des Augartens haltend – dem Eingang der Schule näherte. (Er war wahrscheinlich von seinem Posten aus politischen Gründen schon gekündigt). Für mich war die- ser Anblick so imposant, daß ich damals sofort verstand, daß, wenn dem Direktor als Nichtjude so zu Gefühl war – was wird mit uns als Juden geschehen?"[149]

Aber nicht nur Direktoren verloren ihre Stelle, betroffen waren ebenso sämt- liche Landes- und Bezirksschulinspektoren.[150] Im Juni kamen in Wien ganze 135 Leiterstellen für Pflichtschulen zur Ausschreibung. In vielen Fällen handelte es sich um Christlichsoziale und – im Duktus der Nationalsozialisten – „wildge- wordene Vaterländer", die in der Regel von ehemals „illegalen Parteigenossen", die nun als kommissarische Leiter fungierten,[151] ersetzt wurden.

146 Mayer-Löwenschwerdt 1938 (Anm. 143), S. 387
147 Franz Kurzmann: „Schule im Aufbau – ein Leistungsbericht", in: *Der Erzieher im Donauland* (Anm. 142), S. 17
148 Engelbrecht 1978 (Anm. 14), S. 105
149 Erich Schnitzer: Brief v. 15. April 1999, Briefsammlung, Gedenkstätte Karajangas- se
150 Patzer 1978 (Anm. 118), S. 288
151 Walter Ille: „Aufbauarbeit im Gau Wien", in: *Weltanschauung und Schule*, 1939, 1, S. 24

Doch mit dieser ersten Säuberungswelle war es nicht getan. Konzentrierten sich die Umbesetzungen zunächst auf die Schulbürokratie und Direktorenposten, so wurden sie im folgenden systematisch auf sämtliche Lehrer ausgedehnt.[152] So konnte das *Amtsblatt der Stadt Wien* bereits am 1. Juli verkünden, daß der „nationalsozialistische Führungsanspruch im Wiener Schulwesen verwirklicht" sei. Dies geschah unter anderem, indem die gekündigten Lehrer an den Mittelschulen kurzerhand durch 168 Hilfslehrerinnen und -lehrer ersetzt wurden.[153] Die Betroffenen wurden, je nach Art ihrer politischen Einschätzung, pensioniert, als einfache Lehrer an andere Schulen versetzt, „bis auf weiteres beurlaubt" oder gar verhaftet.[154]

Unter welchen konkreten Umständen sich eine solche „Umbesetzung" vollziehen konnte, ist der Schulchronik des Hietzinger Gymnasiums zu entnehmen. Dort oblag die Leitung der Anstalt seit 1920 Hofrat Stadlmann. Als Reichsobmann der „Vereinigung christlich-deutscher Mittelschullehrer" vertrat er deren dienstrechtliche Interessen in der Gewerkschaft, was 1938 zu seiner sofortigen Entlassung führte. Er soll, so heißt es in der Broschüre, von einigen der Hitlerjugend angehörenden Schülern mit aufgepflanztem Bajonett aus der Schule eskortiert worden sein. Danach war er eine Zeitlang in Haft und wurde in der Folge mit gekürzten Bezügen zwangspensioniert.[155]

Bald nach den Enthebungen und Versetzungen der als politisch untragbar erklärten Lehrer begann eine umfangreiche und intensive Schulungskampagne, deren Leitung der NSLB innehatte. Aufgabe des Pädagogen war es nun, „sich mit ernstem Streben so lange in die klare und tiefe Ideenwelt des Nationalsozialismus zu versenken, bis er innerlich von ihr erfaßt und überzeugt wird [...], erst danach hat er ein Recht darauf, als Lehrer vor die deutsche Jugend zu treten."[156] Diese Form der „Persönlichkeitsauslese" dürfte sich angesichts der großteils freiwilligen Gleichschaltung und des praktischen Ausbleibens von Widerstand weitgehend problemlos vollzogen haben. Dennoch verfügten selbst jene Lehrer, die dem nationalsozialistischen Regime gegenüber loyal gesinnt waren, nicht gleichsam automatisch über jene Tugenden, die der Staat von ihnen forderte. Oft waren es bildungsbürgerliche Vorstellungen, die der jetzt angemessenen „Jugendführung" entgegenstanden. Nicht intellektuelle, sondern sportliche und „charakterliche" Fähigkeiten galt es nun zu erwerben. „Weltanschauliche" Schulungen, wo

---

152 Herbert Dachs: *Schule und Jugenderziehung in der Ostmark,* in: Talos u. a., Wien 1988, S. 221
153 *Amtsblatt der Stadt Wien,* 1. Juli 1938, 46. Jg., Nr. 27, S. 2
154 Patzer 1978 (Anm. 118), S. 288
155 *90 Jahre Bundesgymnasium Wien XIII, Chronik 1897–1987,* o. O., o. J., S. XIII, vgl. dazu auch Engelbrecht 1978 (Anm. 14), S. 112
156 Pöperl 1939 (Anm. 144), S. 17

Themen wie das Wesen den Nationalsozialismus, Rassenkunde und Vererbungs-
lehre, Familien- und Sippenkunde sowie Gemeinschaftserziehung gelehrt wurden,
standen demnach in jenen zumeist groß angelegten Veranstaltungen, die oft abseits der Großstadt als Erziehungs- und Schulungslager konzipiert waren, im Mittelpunkt. „Ich mußte, obwohl ich einmal das Äußerste versuchte, um loszukom-
men, zweimal ein solches Lager mitmachen. Zur Eröffnung des einen sagte einer
der führenden Männer: ‚Lassen Sie alles Denken beiseite, seien Sie nichts als Na-
tionalsozialistinnen!' Hitlers ‚Mein Kampf' wurde in Kapitel aufgeteilt, die refe-
riert wurden. Kritik war ausgeschlossen", erinnerte sich die spätere Direktorin
des Gymnasiums Wenzgasse Eva Berger-Hitschmann.[157]

Bereits zu Pfingsten 1938 waren in Mödling zwei Lager, freilich getrennt
nach Geschlechtern, organisiert worden, um den „Wiener Lehrern die neue Sinn-
deutung der gesamten Erziehung vor Augen zu führen."[158] Eine der Schulungen
hatte es sich zur Aufgabe gemacht, „die Jungerzieherschaft und die Hitlerjugend
in gemeinsamen Schulungslagern einander näherzubringen". Im Anschluß an dieses Lager schrieb die BDM-Leiterin: „Es war der erste Versuch im ganzen
Reichsgebiet, die beiden wichtigsten Erziehungsfaktoren für die weibliche Jugend, die Lehrerin und die BDM-Führerin, zusammenzuführen zu einer guten
Kameradschaft. Sowohl die BDM-Führerin als auch die Lehrerin sollte erkennen
lernen, wie notwendig es ist, daß beide in demselben Geiste auf die Mädel ein-
wirken und daß sie die größte Verantwortung ihrem Volke gegenüber haben [...].
Der reichhaltige, wohldurchdachte Tagesablauf wurde immer wieder ergänzt
durch Vorträge aus allen Gebieten unserer Lebens- und Weltanschauung", wie
etwa „Rasse und Kunst", „Ausbreitung des nordischen Menschen und seine Kultur" oder „Vererbungsfragen."[159]

Während sich im Altreich sowohl Lehrer als auch Schüler auf ganz unter-
schiedliche Weise gegen den Nationalsozialismus zu Wehr setzten, ihr Leben ris-
kierten und damit die Behauptung Lügen straften, Anpassung sei unvermeidlich
gewesen, sind in Österreich für dieses widerständige Verhalten kaum Belege bekannt. Eine Ursache für die „Gleichschaltung" etwa der Sekundarschullehrer, die
sich in der Regel freiwillig und zumeist ohne offenen Widerstand vollzog, dürfte
auch damit zu tun haben, daß ein wesentlicher Teil der deutschnationalen Lehrer
sich schon sehr früh dem illegalen nationalsozialistischen Lehrerbund angeschlossen hatte, der bald über eine beträchtliche Mitgliedschaft verfügte, wobei,
wie bereits festgestellt, in Wien der Anteil an Mittelschullehrern am höchsten

---

157 Eva Berger-Hitschmann, in: *Pädagogisches Institut der Stadt Wien. Mitteilungen*,
    März 1988, Wien, Jg. 1987/88, S. 7
158 *Amtsblatt der Stadt Wien*, 1. Juli 38 , 46 Jg., Nr. 27, S. 1
159 Kurzmann 1939 (Anm. 147), S. 18f.

war. Wohl kam es nach dem März 1938 zu verschiedenen Außerdienststellungen, Versetzungen und Verhaftungen von Lehrern und Direktoren, unter ihnen zahlreiche Repräsentanten der „Vereinigung christlich-deutscher Mittelschullehrer", Berichte über offenen Widerstand aufgelöster „Lehrerorganisationen und ihrer Funktionäre" sind jedoch nicht bekannt, betont Helmut Engelbrecht.[160] Unbekannt sind ebenso Fälle von innerem Widerstand. Allerdings erzählten mir einige Schüler von Lehrern, die sich auch nach der Angliederung Österreichs an das Deutsche Reich „anständig" verhalten hätten, ihnen zumindest zu verstehen gaben, daß sie mit dem, was um sie geschah, nicht einverstanden waren und sich an dem allgemeinen Terror gegen Juden und Jüdinnen in den Schule nicht beteiligten, ja letztere in einigen Fällen sogar unterstützten. Trude Berg berichtete von ihrer Deutsch-Matura im Juni 1938, als sie, die Jüdin, eine Arbeit über „Meine Gefühle beim Einmarsch Hitlers in Österreich" schreiben sollte: „Da saß ich da und dachte mir um Gottes Willen, was mach' ich jetzt mit diesem Thema und bin nach vorne zum Professor gegangen und habe gesagt, ich weiß nicht, ob Sie das verstehen können, aber ich kann zu diesem Thema keine Arbeit schreiben. Und da hat er gesagt, na, dann schreiben Sie über Anzengruber, und das habe ich dann gemacht. Und auch der Mathematiklehrer, der seinerzeit illegales Nazimitglied war, hat während der Matura seinen Finger auf eine falsch gerechnete Rechnung gelegt und mir so geholfen. Ich habe das korrigieren können! Sonst wäre ich vielleicht gar nicht durchgekommen. Das war erstaunlich!"[161] Für solche Erzählungen aber hat sich kaum je wer interessiert, sie wurden nicht schriftlich festgehalten und sind deshalb dem Vergessen anheim gefallen. Überhaupt fällt auf, daß es in Österreich bislang verabsäumt wurde, eine eigene Geschichte über Lehrer und Lehrerinnen im Nationalsozialismus zu schreiben. Zwar wurde in letzter Zeit – zumindest an einigen Wiener Schulen – versucht die Lebensläufe der verfolgten jüdischen Lehrer und Lehrerinnen zu rekonstruieren, jenen der nicht-jüdischen Lehrer aber hat man bislang kaum Beachtung geschenkt. Heute, mehr als 60 Jahre nach Kriegsende dürfte es dazu zu spät sein, und das aus mehreren Gründen: Zum einen sind zahlreiche Personalakten zwischen 1938 und 1945 verloren gegangen, zum anderen wurde es wie Recherchen ergaben, auch verabsäumt, jene Unterlagen, die erhalten geblieben sind, an einem zentralen Ort zu sammeln und zu archivieren.[162]

---

160 Engelbrecht 1978 (Anm. 14), S. 113
161 Trude Berg: Interview, August 2003
162 Engelbrecht 1988 (Anm. 15), S. 643. Recherchen der Autorin über jüdische Lehrer stießen auf verschiedene Hindernisse. Tatsächlich existiert kein allgemein zugängliches Archiv, stattdessen sind die noch vorhandenen Akten der Lehrer verstreut und werden oft nicht einmal geordnet an verschiedenen Orten aufbewahrt.

Dennoch gibt es einige wenige Ausnahmen, etwa in Gestalt der Englischlehrerin Dr. Berta Oesterlin. Ihre Geschichte haben Schülerinnen[163] des V. Jahrgangs der Höheren Bildungsanstalt am Wiedner Gürtel im Rahmen eines zeitgeschichtlichen Projekts, einer höchst verdienstvollen Arbeit, zu Tage gefördert. Dieser „Fall" ist aus gleich mehreren Gründen außergewöhnlich: Zum einen war Oesterlin eine Lehrerin, die sich den offiziellen Anordnungen widersetzte und damit eine Konfrontation mit den nationalsozialistischen Behörden riskierte. Zum anderen arbeitete sie neben ihrer Lehrtätigkeit auch als Sekretärin an ihrer Schule, dem Wiener Frauen-Erwerb-Verein, jener Organisation, die 1886 das legendäre erste Mädchengymnasium Wiens begründet hatte. Sie war überdies ehemals Präsidentin der Schulerhalter für Mädchenmittelschulen in Österreich. Seit 1912 an der Schule tätig und mit einem untadeligen Abgangszeugnis ausgestattet, wurde Oesterlin Ende 1938 aus dem Schuldienst entlassen. Daß sie keine Lehramtsprüfung besaß, war damals nicht weiter ungewöhnlich und bei mehreren Lehrern der Fall. Der Begründung des Stadtschulrats, die auf einem Bericht des nationalsozialistischen Lehrerbundes basiert, ist jedenfalls folgendes zu entnehmen:

„1. Feindselige Haltung gegen Nationalsozialisten in der Verbotszeit. Sie entließ einen NS Schulwart und wollte auch einen zweiten entlassen, der aber durch Einflußnahme der Direktorin Meissner im Amte blieb. Während der Umsturztage schritt sie im Vereine mit ihrer Freundin, Frau Direktorin Gertscher, gegen Abzeichen tragende Schülerinnen ein.

2. Sie stellte Jüdinnen als Lehrerinnen ein und hintertrieb noch vor kurzem die Anstellung nationaler Lehrkräfte. Die nationale Haushaltungslehrerin Ernestine Förster, die zwei Jahre als Probekandidatin im Frauen-Erwerb-Verein tätig war, wurde in diesem Schuljahr nicht mehr beschäftigt. Sie ist noch im Verkehr mit einer nach England ausgewanderten jüdischen Lehrerin.

3. Die Angestellten werfen ihr unsoziales Verhalten vor.

4. Bei Mißstimmung der Angestellten hetzt sie wie Direktorin Gertscher mit den Worten: Es wird Ihnen noch viel schlechter gehen."[164]

Daß Oesterlin während des „Austrofaschismus" jüdische Lehrkräfte angestellt hat, sie unterstützte und sich mit ihnen solidarisierte und zugleich die Anstellung „nationaler Lehrkräfte" hintertrieb, war außergewöhnlich und ist ein großes Verdienst.

Noch im August 1939 vermerkte der Stadtschulrat, daß eine politische Beschreibung über Dr. Oesterlin eingeholt werde, dieses Schriftstück aber noch

---

163 „ ... Wo bist du?" Jüdische Lehrer/innen und Schülerinnen an unserer Schule in der NS-Zeit – eine Spurensuche. Projektarbeit des V. Jahrganges B in den Gegenständen Geschichte und Kultur wie politische Bildung. Wien 1998/1999, S. 12
164 Ebd., S. 13

nicht eingelangt sei. Der Inhalt dieses Dokuments ist angesichts ihrer Widerständigkeit und der zitierten Ausführungen des nationalsozialistischen Lehrerbundes unschwer vorzustellen. Was mit dieser Lehrerin weiterhin geschah, ist völlig ungeklärt. Da sie noch nicht in dem Alter war, um in den Ruhestand zu treten und eine Rente zu beziehen, und überdies eine Dienstwohnung besaß, ist anzunehmen, daß sie fortan und in vieler Hinsicht unter prekären Verhältnissen zu leben gezwungen war, möglicherweise auch deportiert und ermordet wurde.

Widerstand leisteten auch mehrere Wiener Hauptschullehrer, die sich den Revolutionären Sozialisten angeschlossen hatten; auf welche Weise sie sich zur Wehr setzten, ist leider unbekannt: Am 23. Dezember 1943 wurden Dr. Otto Haas und Eduard Göth wegen Betätigung für eine „illegale Organisation" vom Volksgerichtshof in Berlin zum Tode verurteilt. Eduard Göth wurde am 13. März 1944, Otto Haas nach acht Monaten, die er an Händen und Füßen gefesselt in der Todeszelle verbracht hatte, am 30. August 1944 in Wien hingerichtet. Der Mitangeklagte Josef Sommerauer wurde zu zwölf Jahren Zuchthaus verurteilt.[165]

Doch diese Form der offenen politischen Resistenz von Pädagogen dürfte, wie bereits erwähnt, äußerst selten gewesen sein. Im allgemeinen verharrte der überwiegende Teil der österreichischen Lehrerschaft in gewohnter Staatsloyalität oder erschreckender Gleichgültigkeit. Angesichts der erschütternden Berichte von Kindern und Jugendlichen ist es kaum vorstellbar, daß Lehrer und Pädagogen untätig zusahen, wenn Schüler ihre jüdischen Klassenkammeraden demütigten, verhöhnten und mißhandelten, daß sie nicht eingriffen, ihnen nicht halfen, sie nicht schützten, sondern sich manchmal selbst aktiv an dem antisemitischen Treiben beteiligten; und es schließlich zuließen, daß Jüdinnen und Juden von der Schule verjagt und in Sammelschulen separiert wurden.

Im Deutschen Reich hingegen war die Situation nach Hitlers Machtantritt insofern eine andere, als zumindest in einigen Fällen sowohl Lehrer als auch Schüler die Gleichschaltung nicht so ohne weiters hinnahmen und sich ihr in unterschiedlichster Weise widersetzten, wobei die Skala von der Verweigerung des Hitlergrußes bis hin zur offenen Bekämpfung des Regimes reichte. Der Widerstand entwickelte sich zunächst an einigen demokratischen Reformschulen, deren Lehrer bereits vor 1933 in linken Parteien oder Verbänden organisiert waren und schon früh vor den Gefahren des Nationalsozialismus gewarnt hatten. Bekannt ist eine solche Widerstandsgruppe etwa aus Hamburg, deren Mitglieder Flugblätter herstellten und auch Hilfsmaßnahmen für mittellose entlassene Kollegen organisierten. Während des Krieges schlossen sich dann einzelne von ihnen neugebildeten Widerstandsgruppen an, eine ihrer bekanntesten Repräsentantinnen war Em-

---

165 Oskar Achs / Eva Tesar (Hg.): *Jugend unterm Hakenkreuz. Erziehung und Schule im Faschismus.* Wien/München 1988, S. 32

my Carstens. Was Schülerinnen und Schüler betrifft, so gingen etwa in Berlin aus der Neuköllner Rütli- sowie aus der benachbarten Karl Marx-Schule so bekannte Oppositionelle wie die Rütli-Gruppe um Hanno Günther und die Gruppe Herbert Baum hervor. In Hamburg und Berlin erfuhren Schüler in den nazifizierten Reformschulen, sofern sie sich politisch engagiert hatten, vielfältige Benachteiligungen. Manchmal war der Druck so groß, daß sie ihre Anstalt freiwillig, auch ohne Schulabschluß, verließen.[166]

Völlig unterschiedlich waren die Reaktionen in den verschiedenen Landerziehungsheimen. Herrschte in den Hermann-Lietz-Schulen schon seit ihrer Gründung ein autoritärer, nationalistischer, antisemitischer und rassistischer Grundton, so zeigte man dort seit dem Machtantritt durch alljährliche Hitler-Jugend Treffen mit Feldgottesdiensten und wehrsportlichen Übungen sowie durch die mehrheitliche Besetzung des Stiftungsvorstands durch führende Repräsentanten des nationalsozialistischen Regimes offene Sympathie und Begeisterung. Im Gegensatz zu den Hermann-Lietz-Schulen wurde die von Gustav Wyneken begründete „Freie Schulgemeinde" Wickersdorf bereits im Dezember 1932, wegen des großen Anteils „ausländischer und nicht-arischer Schüler" sowie wegen ihrer „als links gerichtet bekannten politischen Einstellung" aufgelöst und in eine nationalsozialistische Schule umgewandelt. Ähnliches geschah auch mit der Odenwaldschule, deren Gründer Paul Geheeb seine Schule zunächst „entvölkerte", das heißt Eltern zur Abmeldung ihrer Kinder bewog, anschließend mit 25 Schülerinnen und Schülern in die Schweiz emigrierte und dort die École d'Humanité, eine der renommiertesten Exilschulen, gründete.[167]

Nun ließe sich einwenden, daß in Österreich dergleichen reformpädagogische Schulen und Landerziehungsheime nie existierten und auch deshalb der Widerstand ausblieb. Daß sich hier jedoch solche privaten Initiativen gar nicht entwickeln konnten, verweist auf die insgesamt etatistische Ausrichtung des österreichischen Schulwesens. Kritische, engagierte Pädagogen waren in der Ersten Republik zumeist im Rahmen der Wiener Schulreform aktiv, hier fanden sie in den unterschiedlichsten pädagogischen Bereichen, sei es in der Planung und Gestaltung des Unterrichts, des Lehrplans oder in der Ausbildung der Lehrer, ein mögliches Betätigungsfeld, selbst eine Versuchsschule konnte damals unter staatlicher Regie entstehen. Die Wiener Schulreform absorbierte gleichsam auf diese Weise engagierte Pädagogen und deren mögliche Projekte. Dermaßen „verstaatlicht", hatte sich eine Opposition von Lehrern außerhalb der Sozialdemokratie erst gar nicht entwickelt – abgesehen von den Christlichsozialen, die die größten Gegner der Schulreform waren und ihre katholischen Privatschulen nach Mög-

---

166 Keim 1997 (Anm. 21), Bd. 1, S. 102
167 Ebd., S. 113-122

lichkeit förderten; selbst im klerikalfaschistischen Ständestaat, als die sozialdemokratische Partei längst verboten war, zahlreiche Lehrer entlassen waren und
der stellvertretende geschäftsführende Präsident des Wiener Stadtschulrats Otto
Glöckel im Anhaltelager Wöllersdorf inhaftiert war, fanden einige seiner ehemaligen Mitarbeiter nicht die Kraft und den Mut, mit dem neuen Regime zu brechen, sondern versuchten, wie bereits gezeigt, sich mit den autoritären Verhältnissen weitgehend zu arrangieren.

Doch der Widerstand war nicht nur bei den sozialdemokratischen, sondern
ebenso bei den christlichsozialen Lehrern verschwindend gering. Angesichts dieses Umstands dürften die Fragen, die Margaret Feiler aufwarf, auch im Hinblick
auf Wiener Lehrer gestellt und ähnliche Schlußfolgerungen vermutet werden: Die
amerikanische Politologin, die eine Studie über das politische Verhalten der Beamten der Gemeindebürokratie in Wien verfaßt hat, kommt zu dem Ergebnis, daß
1938 nur etwa 4,5% aller Bediensteten wegen ihrer politischen Vergangenheit
oder ihrer oppositionellen Haltung entlassen worden seien. „Der Mangel an Widerstand ist bemerkenswert", konstatiert Feiler, und fragt: „Wo waren die gesin-
nungstreuen Christlich-Sozialen, von denen man sagt, daß sie dem Nationalsozialismus besser widerstanden haben als die Sozialdemokraten? Was geschah mit
den Gründern und aktiven Mitgliedern der Vaterländischen Front, die mitgehol-
fen hatten, den klerikalfaschistischen Staat zu schaffen und unter Führung Dollfuß' und Schuschniggs eine aussichtslose Schlacht gegen den Anschluß gewagt
hatten? Nur eine Handvoll von höchstens etwa 600 Schwarzen und Roten war alles, was von über 13.000 Bediensteten übrig blieb."[168] In Anbetracht des hohen
Anteils an Beamten, die sich vor 1934 zu den Sozialdemokraten bzw. jener, die
sich zwischen 1934 und 1938 zum klerikalfaschistischen Ständestaat bekannt hatten, tatsächlich eine verschwindend geringe Zahl!

Segregation als Vorbereitung zur Vernichtung

Als Österreich dem Deutschen Reich angegliedert wurde, konnten die Nationalsozialisten auf eine überaus erfolgreiche, fünfjährige Erfahrung zurückgreifen;
Deshalb auch gelang es in der „Ostmark" sämtliche Maßnahmen rascher, radikaler und rücksichtsloser als im Altreich durchzusetzen. Zudem konnten sich die
Nationalsozialisten auf eine Bevölkerung stützen, über deren antisemitischen Haß
sie erstaunt und mit deren volksgemeinschaftlichem, terroristischen Treiben sie
zunächst gar nicht gerechnet hatten. Die Schule war davon nicht ausgenommen.

---

168 Margret Feiler: Viennese Municipal Service, S. 204, zit. n. Botz 1988 (Anm. 133),
     S. 237

Nicht nur ihre völlige Umgestaltung bzw. Unterwerfung unter den nationalsozialistischen Staat vollzog sich in der „Ostmark" ungleich rascher, sondern auch der Ausschluß jüdischer Schüler und Lehrer wurde in atemberaubender Geschwindigkeit und mit äußerster Härte durchgesetzt. Während sich im Deutschen Reich die Ghettoisierung auf mehrere Jahre erstreckte, in verschiedenen Etappen und regional ganz unterschiedlich verlief, wurden Ende April 1938 in der „Ostmark" praktisch über Nacht nahezu alle jüdischen Lehrer entlassen sowie der Großteil der jüdischen Mittelschüler von ihren Schulen verjagt und in eigenen Anstalten „zusammengefaßt". Ausschluß, Verfolgung und Vertreibung jüdischer Schüler und Lehrer wurden im Deutschen Reich mit ebenso großer Unerbittlichkeit vorangetrieben, jedoch erstreckten sie sich über einen längeren Zeitraum, währenddessen sich auch ein eigenes jüdisches Bildungswesen entwickeln konnte. Waren die Resultate für die jüdische Bevölkerung letztlich auch die gleichen – dadurch, daß sich der Ausschluß länger hinzog, gelang es Familien, die über genug Barmittel verfügten, ihre Flucht oder die ihrer Kinder vorzubereiten und zu organisieren, oder sie hatten zumindest die Chance, sich an ausländische Freunde zu wenden und sie in irgendeiner Form um Hilfe zu bitten. Mit dem „Anschluß" Österreichs hingegen begann für die jüdische Bevölkerung ein Spießrutenlauf, Juden und Jüdinnen waren plötzlich und unmittelbar an Leib und Leben bedroht und der ständigen Gefahr ausgesetzt, verhaftet, verschleppt, gefoltert, deportiert und ermordet zu werden. Flucht war ein Gebot der Stunde, eine Entscheidung über Leben und Tod, die oft innerhalb weniger Stunden, Tage, bestenfalls Wochen getroffen werden mußte. Aufrüstung und Kriegsvorbereitung der Nationalsozialisten waren im Frühjahr 1938 bereits so weit fortgeschritten, daß Vertreibung, Verfolgung und wenig später die Vernichtung der Juden unverzüglich in Angriff genommen werden konnten.

Wie sehr sich die Entwicklung in den beiden Ländern unterschied, wird am Beispiel einiger weniger Zahlen deutlich: Zwar wurde im Deutschen Reich im April 1933, bereits kurz nach dem Machtantritt Hitlers, ein „Gesetz gegen die Überfüllung an deutschen Schulen und Hochschulen", erlassen, das die Aufnahme jüdischer Schüler an Höheren Schulen prozentual beschränkte, doch erst 1935, mit den „Nürnberger Gesetzen", hatte sich der Anteil der jüdischen Schüler von 21 000 im Jahr 1932 auf 12 700 beinahe halbiert, 1936 betrug er noch 8 600, also etwa ein Drittel. Erst nach der Pogromnacht im November 1938, als der gemeinsame Unterricht für nichtjüdische und jüdische Schüler und Schülerinnen für unzumutbar erklärt wurde, entwickelte er sich binnen kurzer Zeit gegen Null.[169] Weitaus unerbittlicher gingen die Nationalsozialisten gegen die als jüdisch defi-

169 Keim 1997 (Anm. 21), Bd. 1, S. 104

nierten und beamteten Lehrer vor: Sie mußten schon Ende 1935 ihren Dienst quittieren.[170]

Parallel zu dieser sukzessiven Ausgrenzung erfuhr das private jüdische Schulwesen im Deutschen Reich eine erhebliche Ausdehnung, und zwar anfänglich durchaus mit einer gewissen Duldung der Nationalsozialisten, in deren zunächst pragmatischem Interesse es lag, die Schulpflicht vorübergehend auch noch für jüdische Kinder und Jugendliche in einem gewissen Ausmaß zu gewährleisten. Dieses private jüdische Schulwesen war schon vor 1933 relativ hoch entwickelt, ganz im Gegensatz zu Österreich, wo die Assimilation und die Konzentration der jüdischen Bevölkerung in der Metropole der Entstehung jüdischer Selbstorganisation und der Gründung solcher Schulen weitgehend entgegengewirkt und diese beschränkt hatte. Abgesehen vom jüdischen Zwi Perez Chajes-Realgymnasium in Wien besuchten jüdische Schüler und Schülerinnen zu einem hohen Prozentsatz reguläre Gymnasien, wobei sich ihr Anteil dort konzentrierte, wo auch die jüdischen Bevölkerung relativ groß war, also vorwiegend im 1., 2., 3. und 9. Wiener Gemeindebezirk. Zumindest einige dieser Schulen hatten einen besonders guten Ruf, waren bekannt für das hohe intellektuelle Niveau, wie etwa das Akademische Gymnasium in der Inneren Stadt, aus dem zahlreiche bedeutende Schriftsteller und Künstler hervorgingen.

Der Ausbau des jüdischen Schulwesens im Deutschen Reich wurde schon im Herbst 1933 in Angriff genommen. Organisiert von der Reichsvertretung der deutschen Juden bzw. von deren Schulabteilung, geleitet von dem bedeutenden Theologen und Rabbiner Leo Baeck, stieg nicht nur im ländlichen Raum die Zahl der jüdischen Volksschulen rasch an – insgesamt entstanden, zum Teil auch mit Unterstützung einzelner Gemeinden, 35 private Anstalten, ebenso wurde das Höhere Schulwesen zunächst kapazitätsmäßig erweitert, d. h. die Anzahl der Schüler an manchen Anstalten verdoppelt. Da die Gründung neuer Höherer Schulen auf die Hilfe privater Initiativen angewiesen war, konnten solche Schulen nur in Gegenden entstehen, deren Bewohner imstande waren, das nötige Schulgeld aufzubringen und die Anstalten zu erhalten. Schwerpunkt dieser Gründungen waren daher Großstädte wie Berlin, Frankfurt, Hamburg, Breslau, Köln und Leipzig. Diese Entwicklung führte zwischen 1933 und 1937 zu der unglaublichen Ausdehnung und Erweiterung des gesamten Schulwesens von rund 80 Anstalten Ende 1933 auf knapp 170 im März 1937, darunter allerdings nur 14 Höhere, eine Mittelschule und vier Schulen mit gehobenem Lehrplan.[171] Alles in allem waren sowohl die organisatorischen als auch die pädagogischen Leistungen der Reichsvertretung der deutschen Juden beachtlich: Angesichts antisemitischer Diskrimi-

---

170 Ebd., S. 18
171 Ebd., Bd. 2, S. 228ff.

nierung und Verfolgung war dies ein Versuch, durch eine spezifisch jüdische Erziehung – die nicht vorrangig im Dienste der Orthodoxie, des Zionismus oder der
liberalen Strömungen des Judentums standen – Kindern und Jugendlichen eine
Orientierung zu bieten, ihr Selbstbewußtsein zu stärken und nicht zuletzt eine
Form des geistigen Widerstands gegen den nationalsozialistischen Terror, der
sich auch gegen Kinder richtete, zu praktizieren.[172]

Zu all dem blieb in Österreich keine Zeit: längst war entsprechend den
„Nürnberger Gesetzen" bestimmt, wer als Jude oder Jüdin zu definieren war, egal
welcher Religion er oder sie auch angehörte, Gesetze, die einzig auf Grundlage
der Geburt eines Menschen über dessen Leben bzw. Tod entschieden. Vollzogen
wurden die „Rasse-" oder „Blutschutzgesetze" in Österreich praktisch ab März,
die Kundmachung für die Ostmark erfolgte am 20. Mai 1938. Demnach war Jude, wer zumindest von drei Großeltern jüdischen Religionsbekenntnisses abstammte; ebenso wer zwei jüdische Großeltern hatte und zugleich erstens am
15. September 1935 der jüdischen Religionsgemeinschaft angehörte oder ihr
nach diesem Datum beigetreten war, wer zweitens am 15. September 1935 mit
einem Juden verheiratet war bzw. sich nach diesem Stichtag mit einem Juden
verheiratet hatte, wer drittens Sohn oder Tochter einer nach diesem Stichtag ge-
schlossenen Ehe war und wer schließlich viertens Nachkomme einer außereheli-
chen Beziehung mit einem „Dreiviertel- oder Volljuden" und nach dem 31. Juli
1936 geboren war.

Als „Jüdischer Mischling ersten Grades" bzw. „Halbjude" wurde definiert,
wer von zwei jüdischen Großeltern abstammte, jedoch weder am Stichtag der jüdischen Religion angehörte noch mit einem Juden verheiratet war. „Mischling
zweiten Grades" oder „Vierteljude" war man mit nur einem jüdischen Großelternteil. Das aber hieß, daß zu den 181 778 Juden, welche im März 1938 in der
israelitischen Kultusgemeinde eingeschrieben waren, ab sofort weitere rund
25 000 Personen als Juden definiert und hinzugezählt wurden, die zwar nicht der
jüdischen Religionsgemeinschaft angehörten, aber nach den „Nürnberger Gesetzen" von 1935 als Juden galten. Insgesamt waren ab nun etwa 206 000 Jüdinnen
und Juden von Verfolgung, Deportation und Vernichtung bedroht.[173]

Nur sechs Wochen, nachdem die Nationalsozialisten unter dem Jubel der
österreichischen Bevölkerung einmarschiert waren, ging alles Schlag auf Schlag:
Am 24. April wurde ein Numerus clausus für jüdische Hochschüler erlassen, am
27. April die „Absonderung" jüdischer und als Juden definierter Mittelschüler

---

172   ebd., S. 236f.
173   Brigitte Halbmayr: „Emigration – Flucht – Vertreibung", in: *Flucht in die Freiheit*.
      Wien 2006, S. 34

beschlossen, am 9. Mai erfolgte die Ghettoisierung der jüdischen Volks- und Hauptschüler und jener von Fortbildungsschulen.[174]

Was das Höhere Schulwesen betrifft, so erteilte der Stadtschulrat am 27. April eine mündliche Weisung an alle Direktoren und kommissarischen Leiter bezüglich der „Absonderung jüdischer Mittelschüler in Wien", die am nächsten Tag im *Völkischen Beobachter* publiziert wurde: „Der Präsident des Stadtschulrates für Wien", heißt es darin, „hat in einer Mittwoch stattgefunden Direktorenbesprechung Weisungen ausgegeben, wonach an den Staatsmittelschulen Wiens die jüdischen Schüler sofort von den arischen Schülern in eigene Anstalten abzusondern sind. Die Vorbereitung dieser Aktion hat das Präsidium des Stadtschulrates schon in den letzten Wochen beschäftigt."[175] Vorbereitet worden war diese Aktion schon Wochen zuvor, exekutiert wurde der Ausschluß jedoch am selben Tag. Erst am 1. Juni wurde dieser Erlaß in einem *Verordnungsblatt des Stadtschulrats für Wien* veröffentlicht: „Im nationalsozialistischen Schulwesen", heißt es darin lapidar, „ist eine gemeinsame Erziehung von arischen und jüdischen Schülern (Schülerinnen) unmöglich. Ich ordne daher an, daß an allen staatlichen Wiener Mittelschulen die jüdischen Schüler und Schülerinnen ausgeschult und vorläufig in eigenen von mir bestimmten Schulen untergebracht werden."[176] Es waren dies das Realgymnasium in der Kleinen Sperlgasse im 2. Wiener Gemeindebezirk und die Gymnasien in der Zirkusgasse, ebenfalls im 2., sowie in der Wasagasse im 9. Bezirk, die Realschulen Schottenbastei im 1. und Radetzkystraße im 3. Bezirk sowie die Realgymnasien Albertgasse im 8. und Karajangasse im 20. Bezirk, welche Parallelklassen, sogenannte I-Klassen, führten. „Bis zur endgültigen Regelung der Judenfrage ...", heißt es zuletzt, „müssen an den genannten jüdischen Schulen arische Lehrer den schweren Dienst auf sich nehmen."[177] Tatsächlich jedoch dürften an den Sammelschulen sehr bald auch jüdische Lehrkräfte zum Einsatz gekommen sein.[178]

Wurden die jüdischen Schüler in sogenannten jüdischen Sammelschulen, im Wiener Volksmund auch „Judenschulen" genannt, „abgesondert", so waren die als „jüdische Mischlinge" definierten Kinder und Jugendlichen zunächst noch an „jeder Wahlschule (Mittlere, Höhere und Fachschulen)" zugelassen, ebenso an jüdischen Schulen und Schulen mit Sammelklassen, verboten war ihnen allerdings der Besuch von Bildungsanstalten für Lehrer und Lehrerinnen.[179]

---

174   Patzer 1978 (Anm. 118), S. 290
175   *Völkischer Beobachter* (Wiener Ausgabe), 28. April 1938, S. 23
176   *Verordnungsblatt des Stadtschulrates für Wien* v. 1. Juni 1938, Erlaß Nr. 86, S. 66
177   Ebd.
178   *Die Gemeindeverwaltung der Stadt Wien im Jahre 1938. Verwaltungsbericht*, Wien 1941, S. 42
179   *Verordnungsblatt*, 1. Nov. 1938, Erlaß Nr. 170, S. 120f.

An den Höheren Staatsgewerbeschulen, den privaten gewerblichen Lehran-
stalten- und Frauenberufsschulen durften Jüdinnen und Juden das Schuljahr zunächst beenden, am 1. September 1938 erschien jedoch ein Erlaß, der auch ihre
Aufnahme sowie ihren Aufstieg in eine höhere Klasse in die ersten und höheren
Jahrgänge untersagte. Desgleichen stand jüdischen Schülerinnen ab September
1938 nur mehr der Besuch einer einzigen Frauenberufsschule, nämlich der des
Vereins Dr. Krüger-Heim, Wien 2, Malzgasse 7, offen.[180] Was mit den Berufs-
schülern geschah, ist dem Erlaß nicht zu entnehmen. Verboten war außerdem der
Besuch von Sonderkursen, die an diesen Anstalten stattfanden.[181]

Was die Höheren Schulen betraf, so wurde ab September 1938 ein Numerus
clausus eingeführt, der festlegte, daß höchstens zwei Prozent der Gesamtzahl der
Schüler einer Anstalt jüdischer Herkunft sein durften. Die verbliebenen Schüler
mußten eigens für Juden bestimmte Hauptschulen besuchen. Am 30. Juni 1942
wurden schließlich alle Anstalten für Juden im gesamten Deutschen Reich geschlossen.[182] Davon betroffen waren auch sogenannte Mischlinge ersten Grades,
denen in der Regel nur mehr der Besuch einer Volksschule offenstand. [183]

Während der überwiegende Teil der jüdischen Schüler die Möglichkeit hatte,
zumindest das Schuljahr 1937/38 abzuschließen, war der Großteil der jüdischen
Lehrer praktisch über Nacht, am 29. April, entlassen worden. Bereits am
15. März mußten sämtliche Beamte, entsprechend einem von Hitler unterzeichne-
ten Erlaß, einen Diensteid auf den „Führer des Deutschen Reiches und Volkes"
zu leisten, ihm „Treue und Gehorsam schwören, daß sie die Gesetze beachten
und die Amtspflichten gewissenhaft erfüllen werden."[184] Jüdische Beamte, also
„Volljuden" und von „drei jüdischen Großeltern abstammende jüdische Mischlinge", durften nicht vereidigt werden. Weigerte man sich als Nicht-Jude, dem

---

180 *Verordnungsblatt*, 1. Sept. 1938, Erlaß Nr. 121, S. 88
181 *Verordnungsblatt*, 15. Sept. 1938, Erlaß Nr. 142, S. 100
182 Vgl. Engelbrecht 1988 (Anm. 15), S. 316
183 Ebd., S. 315. Volksschulen für jüdische Kinder befanden sich im 1., 3., 5., 8., 14.,
     19. und 20. Bezirk; eine Volks- und Hauptschule und eine Hauptschule für Knaben
     und Mädchen befanden sich im 3., 6. und 9. Bezirk. Nur im 2. Bezirk, wo der jüdi-
     sche Bevölkerungsanteil am größten war, gab es zwei Volksschulen für Knaben und
     Mädchen, eine Volks- und Hauptschule für Knaben und Mädchen, ebenso die
     Volksschule der Kultusgemeinde in der Castellezgasse 35 mit 244 Kindern und die
     Volks- und Hauptschule des Vereins Talmud Thora in der Malzgasse 16 mit
     653 Schülern. Mit 64 Kindern in Hilfsschulen und 2 544 in Handels-, Fortbildungs-
     und Gewerbeschulen, Handelsakademien meist privaten Charakters wird im Memo-
     randum der Kultusgemeinde an den Stadtschulrat für Wien vom 8. Mai 1938 eine
     Gesamtzahl von 15 388 Kindern angenommen. Die Kinder der Höheren Schulen
     sind in dieser Zahl ebenfalls mit eingeschlossen. Vgl. Herbert Rosenkranz 1978
     (Anm. 19), S. 140
184 Zit. n. Botz 1988 (Anm. 133), S. 235

Schwur nachzukommen, so zog dies die sofortige Entlassung nach sich.[185] Jeder Beamte hatte selber zu entscheiden, ob er unter diesen Paragraphen fiel.[186] Doch gerade das festzustellen, war nicht immer einfach, zumal für jene, die selber bzw. deren Vorfahren aus den östlichen Gebieten der ehemaligen Monarchie zugewandert waren und deren Migration zumeist Jahrzehnte zurücklag. Ein ehemaliger Schüler – er will ungenannt bleiben – erzählte mir, wie unglaublich kompliziert und mühsam es war, die Papiere seiner Großeltern aus einem kleinen Ort an der polnischen Grenze zu bekommen; welch umständlicher Recherchen es bedurfte, jenen Beamten ausfindig zu machen, der die entsprechenden Dokumente aufzutreiben oder anzufertigen imstande war. Es sei übrigens auch vorgekommen, so berichtete er, daß ein gutmütiger christlicher Pfarrer „arische" Dokumente ausgestellt habe.

Auf eine gleichsam „legale" Grundlage gestellt wurden die Säuberungen des mißliebigen Schulpersonals, die auch die folgenden Monate andauerten, mit der Kundmachung der Verordnung vom 31. Mai, mit der das österreichische Beamtentum in enger Anlehnung an das Gesetz zur Wiederherstellung des deutschen Berufsbeamtentums neu geordnet wurde. Unter anderem sah die Verordnung vor, daß nun auch Beamte, die Juden oder „Mischlinge" waren oder mit einem Juden oder „Mischling" ersten Grades verheiratet, abzufertigen bzw. mit (wegen Dienstunfähigkeit) eingeschränkten Bezügen in den Ruhestand zu versetzen seien. „Ruhestand" bedeutete jedoch lediglich eine einmalige Abfertigung, während „fortlaufender Ruhegenuß" nur nach einer Dienstzeit von mindestens zehn Jahren gewährt wurde. Dienstverhältnisse von „Beamtenanwärtern" und „Aspiranten" hingegen wurden sofort aufgelöst; sie erhielten eine Abfertigung in Höhe des zuletzt bezogenen Bruttomonatsbezugs oder der letzten Beihilfe. Ausnahmen waren – mit Zustimmung des Führers oder dessen Stellvertreters – möglich, wenn „sie am 1. August 1914 bereits angestellte Beamte im Sinne des § 5 des österreichischen Gehaltsgesetzes 1924 [sic!] waren, oder wenn sie im Weltkrieg an der Front auf seiten Österreich-Ungarns oder seiner Verbündeten gekämpft" hatten. Ebenfalls mit eingeschränkten Bezügen in den Ruhestand versetzt werden konnten politisch unzuverlässige Beamte. Darunter fielen alle, „die gegen die nationalsozialistische Bewegung und ihre Anhänger gehässig aufgetreten sind oder ihre dienstliche Stellung dazu mißbraucht haben, um völkisch gesinnte Volksgenossen zu schädigen". Und natürlich auch solche, die nicht bereit waren, „jederzeit rückhaltlos für den nationalsozialistischen Staat" einzutreten. Vorgesehen war darüber hinaus „die Versetzung von Beamten auf andere Dienstposten in weitestgehendem Maße". Desgleichen konnten Ernennungen und Beförderungen,

---

185 Ebd.
186 Ebd., S. 82

„bei denen die politische Einstellung des Beamten wesentlich mitgewirkt hat",
rückgängig gemacht werden; auf Grund von „Verwaltungsvereinfachungen" oder
in dienstlichem Interesse war es zudem möglich, vorzeitige Pensionierungen aus-
zusprechen. Grundsätzlich aber konnten sowohl Rente als auch Abfindung aus
besonders schwerwiegendem Grund verweigert werden.[187]

Jedenfalls ermöglichten die einzelnen Paragraphen dieses Gesetzes einen derart beliebig breiten Interpretationsspielraum, daß im Falle der gemaßregelten
bzw. der entlassenen jüdischen Lehrer und Lehrerinnen völlig unklar ist, in welchem Ausmaß sie überhaupt eine Abfertigung oder eine Rente erhielten oder ob
sie, was viel wahrscheinlicher ist, nicht einfach gänzlich mittellos auf die Straße
gesetzt wurden.

Insgesamt waren bis Anfang Juli 1938 132 staatliche Lehrer, 25 Pflicht-
schullehrer, 19 Hilfslehrer und sieben jüdische Religionslehrer außer Dienst gestellt worden.[188] Allein an den „Mittelschulen" für Mädchen in Wien waren 45
staatliche und elf nicht-staatliche Lehrer aus „rassischen Gründen" ausgeschie-
den. „Frau Türkel Helene", ist etwa in einer Schulchronik vermerkt, „wird als Jüdin mit Ende Mai 1938 nach 24jähriger Dienstzeit in den dauernden Ruhestand
versetzt. Sie hat die ganze Dienstzeit an der Schule verbracht, war bei Kindern,
Eltern und Kolleginnen wohl gelitten und hat mit viel Liebe und Pflichtgefühl jederzeit ihren Dienst versehen."[189] Man fragt sich, was in dieser Direktorin, die
das so lapidar notierte, wohl vorgegangen ist. Denn die Eliminierung jüdischer
Lehrer und Lehrerinnen verfolgte keinen anderen Zweck, als sie ihrer Lebens-
grundlagen zu berauben, um auch im Bereich des Schulwesens die „totale Lösung der Judenfrage" in Gang setzen zu können. Reichskommissar Bürckel hat
das in einem internen Elaborat zur Judenfrage in Österreich im Herbst 1938 noch
mit dem Hinweis auf eine Ausweisung unmißverständlich deutlich gemacht:
„Man darf nie vergessen, will man arisieren und dem Juden seine Existenzgrund-
lagen nehmen, dann muß man die Judenfrage total lösen. Ihn nämlich als Staats-
rentner betrachten, das aber ist unmöglich. Also muß man die Voraussetzungen
schaffen, daß er ins Ausland kommt."[190]

Ab sofort hatten die Schulleiter die „Pflicht, im Verein mit den Schulwaltern
des NSLB dafür zu sorgen, daß auch unter der Schuljugend die notwendige Härte, Klarheit und Unerbittlichkeit in der Judenfrage herrscht. Dies hat mit persönlichen Racheakten natürlich nichts zu tun. Jede Wehleidigkeit in der Judenfrage

---

187 „Verordnung zur Neuordnung des österreichischen Berufsbeamtentums", Nr. 160,
in: *Gesetzblatt für das Land Österreich*, 4. Juni 1938, 56. Stück, Jg. 1938, S. 445ff.
188 *Amtsblatt der Stadt Wien*, 1. Juli 1938, 46 Jg., Nr. 27, S. 2
189 Patzer 1978 (Anm. 118), S. 289
190 Bürckel schlug damals noch den Bau von Umschulungs- bzw. Arbeitslagern für
30 000 Juden vor. Zit. n. Hans Safrian, *Die Eichmann-Männer*, Wien 1993, S. 36

muß als Verrat an unseren eigenen Toten gebrandmarkt werden."[191] Dieser „Pflicht" sind die Verantwortlichen mit außergewöhnlichem Einsatz nachgekommen. Denn wie in anderen Bereichen auch waren Wut und Eifer gegen jene, die zu Untermenschen erklärt worden waren, auch im Schulwesen ausgeprägt. Selbst in den Klassenkatalogen wird das deutlich, wenn etwa Lehrer ihrer antisemitischen Wut dadurch Ausdruck verliehen, daß sie den Namen ihrer ehemaligen Schüler, die ohnehin schon von der Anstalt verjagt worden waren, mit Rotstift durchstrichen und das Wort Jude quer über die Seite schrieben. Die Eliminierung jüdischer Schüler und Lehrer ist von den Nationalsozialisten in Österreich nicht nur mit äußerster Rücksichtslosigkeit, sondern auch „mit einem weit über den gesetzlichen Auftrag liegenden Engagement" realisiert worden.[192] Dank diesem „Engagement" konnte Karl Leherbauer mit großer Genugtuung die seit März geleistete „Arbeit auf dem Gebiet der Höheren Schule" als „gigantisch" bezeichnen und „auf die radikale Umbesetzung fast aller mit besonderer Verantwortung verbundenen Posten [verweisen], die gleich nach dem Umbruch und später erfolgte, die schlagartige Entjudung vom 28. April, ohne die eine wirklich nationalsozialistische Unterrichtsführung auf Wiener Boden überhaupt nicht möglich gewesen wäre, auf die Reinigung der Lehrkörper von jenen Elementen, die das Recht auf weitere Belassung durch ihre Haltung in der Systemzeit verwirkt hatten, auf die Befreiung der Schule vom religiösen Zwang, auf die Beseitigung der schädlichen Privat- und Klosterschulen."[193] Und an anderer Stelle wird sogar vermerkt, daß „in der Judenfrage an den Schulen gegenüber den Schulen im Altreich ein Vorsprung erreicht (wurde), der erst mit den letzten Erlässen des Erziehungsministeriums wieder eingeholt wurde."[194]

Egon Schwarz, jüdischer Schüler am Akademischen Gymnasium, erlebte dort den Ausschluß; sein Bericht zählt zu den wenigen Zeugnissen, die die konkreten Umstände unmittelbar vor der Segregation schildern: Die „Trennung stand in der Tat bevor. Innerlich war sie freilich längst vollzogen, denn mit wenigen Ausnahmen hatten die ‚arischen' Schüler der Klasse sich in der Sitzordnung, in den Pausen und auf dem Heimweg von den jüdischen ferngehalten und, sei es aus Opportunismus oder echter Abneigung, auch sonst jede Gemeinschaft mit uns abgebrochen. Einer von ihnen, ein etwas älterer Repetent, war zu meinem Grauen sogar in brauner Nazi-Uniform in der Klasse erschienen. Dieser Umschwung, der

191 Achs / Tesar 1988 (Anm. 165), S. 23
192 Helmut Engelbrecht: „Die Eingriffe des Dritten Reiches in das österreichische Schulwesen", in: Heinemann 1980 (Anm. 105), S. 113–159
193 Karl Leherbauer: „Über Aufbau und Verwaltung der ‚Höheren Schule' im Gau Wien", in: *Wirtschaft und Recht*, 6 (1939), 2, S. 13
194 Walter Wille: „Aufbauarbeit im Gau Wien", in: *Der Erzieher im Donauland* 1939 (Anm. 142), S. 24

über Nacht eine alte Kameradschaft auflöste, gehört zu den unvergeßlichen Lektionen, die mir jene Tage erteilten. Trotzdem spielte sich die Abspaltung des jüdischen vom nichtjüdischen Schülerteil keineswegs so schlicht ab, wie man hätte meinen sollen, denn es galt ja zuerst, im Einklang mit den aus Deutschland importierten Rassengesetzen festzustellen, wer Jude war und wer nicht, was in Wien keine einfache Sache war. Zwar wußten wir wegen des getrennten Religionsunterrichts genau, welcher Konfession ein jeder Mittelschüler angehörte. Aber außer den Juden, die ihre Gruppenzugehörigkeit durch ihre Mitgliedschaft in der jüdischen Kultusgemeinde betonten und die allein schon zehn Prozent der Gesamtbevölkerung ausmachten, gab es in Wien unzählige, statistisch nicht erfaßbare Personen, Konfessionslose, protestantisch oder katholisch Getaufte, Mischlinge bestimmten Grades, die nach den Nürnberger Gesetzen zu den Juden gerechnet wurden. [...] Unter diesen Umständen kann es niemand wundernehmen, obwohl es damals viele und mitunter sogar die Betroffenen überraschte, daß der jüdische Anteil an der Schülerschaft weit höher war, als man gewußt hatte. Wir wurden angehalten, beim Schulwart eine Broschüre zu erwerben, in der die Judengesetze gemeinverständlich und übersichtlich erläutert wurden, und diese Lektüre hatte bei so manchem die unliebsame Entdeckung zur Folge, daß der jüdische Einschlag in seiner Abstammung die erlaubte Grenze überschritt. Deutlich sehe ich einen meiner Mitschüler mit der geöffneten ‚Rassenbroschüre' in der Hand komisch durch das Klassenzimmer stelzen und dabei ausrufen: ‚Meine halbe Mischpoche (Sippe) ist jüdisch, aber was bin ich?' Nichts beleuchtet die groteske Ungewißheit manches Wieners in jenen Tagen krasser, als die Tatsache, daß gerade dieser Junge für ‚arisch' befunden wurde und sich unserem Exodus nicht anschließen mußte."[195]

Der Schriftsteller Erwin Rennert hat das Groteske dieser Situation auf den Punkt gebracht: „1936 kam ich also ins Elisabeth-Gymnasium, schon 1938 mußte ich es per Reichsrassengesetz wieder verlassen. Hinein ging ich als vielversprechendes Bürschchen, heraus kam ich als Nichtarier. Metamorphose."[196]

„Jüdische Sammelschulen", Schülerströme und Frequenzen

Nach welchen Kriterien sich diese von den Nationalsozialisten so zynisch bezeichnete „Umschulung" vollzog, kann heute nur mehr vermutet werden. Die

---

195 Egon Schwarz: *Keine Zeit für Eichendorff. Chronik unfreiwilliger Wanderjahre.* Königsstein 1979, S. 38
196 Erwin Rennert: *Der Welt in die Quere. Lebenserinnerungen 1926–1947*, Wien 2000, S. 76

atemberaubende Geschwindigkeit, mit der der Ausschluß – nur sechs Wochen nach der Machtübernahme – in Österreich vollzogen wurde, ließ jedenfalls keine Zeit für die genauere Planung einer Aktion, mit der ohnehin nur Terror, Angst und Chaos unter Kindern und Jugendlichen verbreitet werden sollte. Was die Mittelschulen betrifft, so ist jedenfalls sicher, daß bereits bestehende Schultypen, also Gymnasien, Realgymnasien und Realschulen aufrechterhalten und als Sammelschulen zur Verfügung gestellt werden mußten. Dieses Kriterium war notwendig, um zumindest die formale Fortführung des Schulbetriebs in irgendeiner Form gewährleisten zu können. Ausgewählt wurden zudem jene Anstalten, die schon vor der Ghettoisierung von zahlreichen jüdischen Schülern und Schülerinnen besucht worden waren, d. h. in Bezirken mit einem relativ hohen jüdischen Bevölkerungsanteil lagen. Daß von der Separierung nicht nur jene 20 Prozent der insgesamt 4011 Wiener Mittelschüler, die der mosaischen Religionsgemeinschaft angehörten,[197] betroffen waren, zeigt die folgende Tabelle. Sie gibt einen Überblick über die Zahl der als jüdisch definierten Mittelschüler, unter ihnen auch „halbjüdische", katholische, evangelische oder konfessionslose, sofern sie ihre Anstalt verlassen mußten oder in eine sogenannte I- bzw. Parallelklasse – I stand für Israeliten – umgeschult wurden. Angeführt ist ebenso die Zahl der zugeschulten, der Anteil der weiblichen bzw. der noch vor Ende des Schuljahres ausgetretenen Schüler. Da in der Realschule Radetzkystraße die Kataloge der achten Klasse nicht mehr vorhanden und die Angaben in den Katalogen der Albertgasse unvollständig sind, kann die Gesamtschülerzahl nur annähernd bestimmt werden. Grundlage dieser Untersuchung bilden die Klassenkataloge der einzelnen Anstalten aus dem Schuljahr 1937/38, in die ich Einsicht nehmen durfte.

Schule	als jüdisch geltende	dav. zugeschult	dav. weibl.	vorzeitig ausgetreten
RG Sperlgasse, 2. Bez.	*744*	*300*	*0*	*134*
RG Unterbergergasse,[198] 20. Bez.	*347[199]*	*keine Angaben*	*147*	*32*
RS Schottenbastei, 1 Bez.	*329*	*215*	*2*	*28*
G Zirkusgasse, 2. Bez.	*324*	*198*	*10*	*45*
G Wasagasse, 9 Bez.	*292*	*171*	*6*	*17*
RG Albertgasse, 8. Bez.	*über 300*	*ca. 50*	*ca. 6*	*ca. 5*
RG Radetzkystraße, 3. Bez.	*280*	*150*	*113*	*29*
Insgesamt:	*2616*	*1084*	*284*	*290*

197 Patzer 1978 (Anm. 118), S. 291
198 Die Schule befindet sich Ecke Unterbergergasse/Karajangasse.
199 Fünf männliche und elf weibliche Schüler sind in dieser Zahl nicht erfasst, sie mußten bereits vor der Errichtung der I-Klassen die Schule verlassen. Vgl.: *Die verlorene Insel. Als Schulen zu Gefängnissen wurden.* Hg. v. Robert Sommer, Wien 1999, S. 18

Die weitaus größte Sammelschule war das Realgymnasium in der Kleinen Sperlgasse in der Leopoldstadt, wo sich einst ein jüdisches Ghetto am Unteren Werd befunden hatte. Hier wohnten die meisten Juden Wiens, in den zwanziger Jahren waren es sechzigtausend, beinahe die Hälfte der Leopoldstädter Bevölkerung; viele von ihnen waren während oder nach dem Ende des Ersten Weltkriegs aus den östlichen Gebieten der ehemaligen Monarchie zugewandert und hatten in diesem gleichsam traditionell-jüdischen Stammbezirk eine Bleibe gefunden. Der Anteil der jüdischen Schüler war hier immer schon verhältnismäßig hoch gewesen – im Schuljahr 1936/37 waren von 610 Schülern 473 mosaischen Glaubens.[200] Der Zuwachs im Mai 1938 auf insgesamt 826, davon 744 jüdische Schüler, erklärt sich aus der hohen Rate der 300 Jüdinnen und Juden, die Ende April zwangsweise zugeschult worden waren.

Um weniger als die Hälfte jüdischer Schüler, nämlich 347 von insgesamt 850, frequentierten das Realgymnasium und Oberlyzeum in der Karajangasse im 20. Bezirk, gefolgt von der Realschule in der Schottenbastei mit 329/215[201], den Gymnasien in der Zirkusgasse mit 324/198, der Wasagasse mit 291/171, sowie der Realschule in der Radetzkystraße mit 280/150 Schülern.[202] Das Realgymnasium in der Albertgasse, das von etwa 300/50[203] jüdischen Schülern besucht wurde, führte ebenso wie die Unterbergergasse ab März die erwähnten Parallel- oder I-Klassen.

Auf den ersten Blick irritierend an dieser Tabelle ist der Umstand, daß von insgesamt etwas mehr als 2 600 Schülern der weibliche Anteil nur elf Prozent betrug. Dieser geringe Prozentsatz ist jedoch insofern irreführend, als damals an einigen Mädchenmittelschulen jüdische Schülerinnen das Schuljahr die verbleibenden zwei Monate bis Schulschluß gemeinsam und regulär mit nichtjüdischen Schülerinnen beenden und auch die Matura ablegen konnten. Die größte dieser Mädchenmittelschulen befand sich in der Novaragasse, im 2. Bezirk – ein Realgymnasium samt Frauenoberschule, das von über 300 jüdischen Schülerinnen (Gesamtzahl 601) im Schuljahr 1937/38 frequentiert wurde. An der Hietzinger Mädchenmittelschule, die aus einem Realgymnasium, einem Oberlyzeum und einer Frauenoberschule bestand, war hingegen der Anteil an jüdischen Mädchen vergleichsweise gering: Von insgesamt 638 besuchten nur 75, also knapp zwölf

---

200 Herbert Bauer in: *25 Jahre BG/BRG Wien II, Festschrift 1989*, S. 11
201 Die Zahl hinter dem Schrägstrich gibt die zugeschulten Schüler an.
202 Bei dieser Zählung sind die Schüler der achten Klasse nicht mitgerechnet, da die Klassenkataloge dieser Realschule nicht vorhanden sind.
203 Auch diese Zahl ist nicht exakt, weil die Kataloge der Sammelklassen nicht aufgefunden wurden. In dem Text des Mahnmals in der Eingangshalle der Schule ist aber von „mehr als 300 Schülern meist jüdischer Abstammung", die Rede, die „zwangsweise in separaten Klassen zusammengefasst wurden".

Prozent, den israelitischen Religionsunterricht, zwölf Schülerinnen waren konfessionslos.[204] Unter den 60 Maturantinnen befanden sich fünf Jüdinnen. Darüber hinaus konnten jüdische Schülerinnen auch an der Schule des Wiener Frauenerwerbvereins am Wiedner Gürtel oder an der Mädchenmittelschule in Währing, in der Haitzingergasse, das Schuljahr beenden.[205] Zugleich aber existierten auch Mädchenmittelschulen wie etwa das Privat-Mädchengymnasium in der Rahlgasse, wo Ende April alle 100 jüdischen Schülerinnen[206] gezwungen wurden, die Schule zu verlassen. Wieso jedoch deren weiterer Verbleib an manchen Anstalten trotz des Stadtschulratserlasses betreffend die Segregation jüdischer Mittelschüler in eigenen Sammelschulen gestattet war, ist unklar. Denkbar wäre, daß die Nationalsozialisten den Mädchenmittelschulen generell weniger Bedeutung beimaßen als jenen der Knaben. Außerdem wurde der Großteil der jüdischen Schüler ohnehin unter dem Gejohle des Pöbels verjagt und damit war wohl der eigentliche Zweck der Umschulung, auch Kinder und Jugendliche massiv einzuschüchtern und zu terrorisieren, erreicht. Denkbar wäre auch, daß sich die Direktorinnen der jeweiligen Mädchenmittelschulen bereit erklärt hatten, die verhältnismäßig wenigen jüdischen Schülerinnen – die Novaragasse bildete die Ausnahme – für Mai und Juni weiterhin an ihren Anstalten zu belassen, zumal die Sammelschulen heillos überfüllt waren. Daß die Direktorinnen sich weigerten, ihre Schülerinnen von der Anstalt zu weisen und dadurch gleichsam ihren Widerstand bekundeten, ist unwahrscheinlich, da zu diesem Zeitpunkt bereits überall gesinnungstreue Nationalsozialisten, in der Wenzgasse war es etwa die kommissarische Leiterin Pg. (Parteigenossin) Dr. Martha Weithofer[207], in Amt und Würden waren. Wichtig in diesem Zusammenhang ist jedenfalls der Umstand, daß der Anteil der jüdischen Mädchen an der Gesamtzahl der Mittelschüler weitaus höher als elf Prozent war.[208]

Was die ausländischen Schüler betrifft, so war deren Anteil relativ gleichmäßig auf alle Schulen verteilt, er schwankte zwischen etwas über acht Prozent in der Wasagasse und 12,3 Prozent im Realgymnasium und Oberlyzeum in der Un-

---

204 Vgl. *Vierunddreißigster Jahresbericht des Vereins Hietzinger Mädchenmittelschule,* Wien 1937/38, S. 20
205 Vgl. dazu auch Ramon Pils: *„Perpetuum mobile" – das Gymnasium in der Haitzingergasse 37, Wien 18.* Wien 1999, S. 27
206 Vgl. Klassenkataloge des Privatmädchengymnasiums u. Realgymnasiums Rahlgasse 1937/38
207 Jahresbericht des Vereins Hietzinger Mädchenmittelschulen, S. 11
208 Um die tatsächliche Anzahl aller jüdischen Mittelschülerinnen eruieren zu können, müssten die Klassenkataloge sämtlicher Mädchenmittelschulen durchgesehen werden; auch jene der privaten Schulen, wie etwa der Schwarzwaldschen Schulanstalten, oder des Mädchenrealgymnasiums Luithlen. Die Kataloge dieser Schulen aber sind zumeist nicht mehr vorhanden.

terbergergasse. Auffällig hingegen ist die Verteilung der vorzeitigen Austritte während des Schuljahres, die in den Klassenkatalogen mit einem lapidaren „gestrichen", „ausgetreten" oder „abgemeldet", verzeichnet sind, Bemerkungen, die manchmal über Leben und Tod entschieden. Hier zeigt sich ein deutlicheres Gefälle zwischen den einzelnen Bezirken: Die „Streichungen" sind in den Schulen der vorwiegend bürgerlichen Bezirke weit geringer als in den ärmeren. So betragen die vorzeitigen Austritte in der Albertgasse etwa zwei Prozent, der Wasagasse knappe sechs, und der Schottenbastei 8,5 Prozent. In den Anstalten in der Unterbergergasse haben über neun, in der Radetzkystraße 10,5, in der Zirkusgasse 14 und in der Sperlgasse gar 18 Prozent die Schule vor Schulschluß verlassen. Verglichen mit anderen Sammelschulen wurde die letztgenannte Anstalt auch von den meisten Kindern und Jugendlichen besucht, die als „staatenlos" galten (elf Prozent) und deshalb keine Staatsbürgerschaft besaßen. Nicht nur diese Zahlen deuten darauf hin, daß der Großteil der Schüler dieser Anstalt – und damit sind nicht die zugeschulten, sondern die Stammschüler gemeint – aus eher ärmlichen Verhältnissen kamen. Auch wenn die in den Katalogen angegebene Berufsbezeichnung der Väter, in der Mehrzahl waren es Kaufleute, Händler, Gewerbetreibende oder Angestellte, keine eindeutige soziale Zuordnung erlaubt, im Vergleich zu den Schulen im 1., 8. und 9. Bezirk ist hier der Beruf des Rechtanwalts oder Arztes kaum zu finden; in der Leopoldstadt wohnten die ärmsten Juden Wiens. Gemäß jüdischer Tradition scheuten viele dennoch keine Mühe, ihren Kindern eine gute Bildung zuteil werden zu lassen.

Über die Ursachen der vorzeitigen Austritte, die stets mit dem Verzicht auf ein Jahresabschlußzeugnis verbunden waren, kann heute nur mehr spekuliert werden. Bestand für ein Kind oder eine Familie die Möglichkeit, ins Ausland zu fliehen und dadurch das nackte Leben zu retten, so hatte dies in der Regel oberste Priorität. Vor allem im 2., aber auch im 20. Bezirk waren zahlreiche Schüler den verschiedenen zionistischen Organisationen, der „Jüdischen Sozialistischen Arbeiterjugend", dem „Haschomer Hazair" oder dem „Poale Zion" beigetreten. Willi (Zeev) Ritter, der das Realgymnasium in der Kleinen Sperlgasse besucht hatte, war 13 Jahre alt, als er sich dem „Verband Zionistischer Mittelschüler" anschloß und bald darauf auch dem Haschomer Hazair beitrat. Er berichtet, daß sich in dieser Schule „mehr oder weniger alle Schüler" in zwei Gruppen organisiert hatten: „Entweder im *Verband Sozialistischer Mittelschüler (VSM)* oder im *Verband Zionistischer Mittelschüler (VZM),* der 1927, in dieser Schule, und zwar unter anderem von einem Freund von mir, Joschua Schächter, gegründet worden war [...]. Die damalige sozialdemokratische Partei und ihre Führer befürworteten ausschließlich die Assimilation, für sie gab es kein jüdisches Leben in Österreich.

Als Reaktion auf diese Haltung wurde der VZM gegründet."[209] Für viele Schüler, die in dieser oder einer ihrer Nachfolgeorganisationen groß geworden sind – der VZM und auch der VSM waren 1934 von den Klerikalfaschisten verboten worden – lag die Flucht nach Palästina schon deshalb nahe, da sie sich dort am Aufbau des jüdischen Staates beteiligen wollten. „Trotz unserer früheren Gleichgültigkeit gegenüber der zionistischen Idee", erinnert sich Ari Rath, „war die instinktive Reaktion, jetzt nur dorthin auszuwandern, von wo man nie wieder vertrieben werden kann. Irgendwie war das ein Gefühl eines elementaren Zionismus, das zum Teil auch auf die Beschimpfung in der Schule noch lange vor dem ‚Anschluß' – ‚Saujud – geh nach Palästina, wo du hingehörst' – zurückzuführen war. Was früher als Beleidigung von einem gebürtigen Wiener wie mir aufgenommen wurde, war auf einmal zu einer gewünschten Lösung geworden."[210]

Zugleich aber läßt sich noch anderes feststellen: In den Sammelschulen waren die Abgänge in der Oberstufe etwas höher als in den unteren Klassen, in den achten, den Abschlußklassen hingegen verschwindend gering. Trotz all der widrigen und lebensbedrohlichen Verhältnisse dürfte der Wunsch der Eltern, ihren Kindern zumindest einen Pflichtschulabschluß bzw. die Matura zu ermöglichen, einen gewissen Vorrang besessen haben. Die Austritte, die etwa im 2., 3. und 20. Bezirk höher waren als in den übrigen, sind möglicherweise darauf zurückzuführen, daß die Kinder und Jugendlichen in diesen Bezirken noch weit öfter den brutalen Angriffen des nationalsozialistischen Pöbels ausgesetzt waren als anderswo. Darüber hinaus hatten vermutlich viele Eltern panische Angst, ihre Kinder könnten am Schulweg verletzt oder verhaftet werden, und behielten sie auch deshalb lieber zu Hause. Da obendrein Hausdurchsuchungen, Verhaftungen und Mißhandlungen jüdischer Familien zum Alltag gehörten, war es beruhigender, alle Angehörigen möglichst an einem Platz zu wissen, jede nicht unbedingt notwenige Entfernung zu vermeiden, um sich die quälende Sorge und Ungewißheit über den Verbleib der Kinder zu ersparen. Hinzu kam, daß ganz generell angesichts derartig lebensbedrohender Umstände Schule und Ausbildung an Bedeutung verloren.

Es waren nahezu 1100 jüdische Mittelschüler und -schülerinnen, die Ende April von ihren Stammanstalten in Sammelschulen transferiert und dadurch von einem Tag auf den anderen ausgegrenzt und ghettoisiert wurden. Um das durchführen zu können, mußte aber zunächst an den Sammelschulen Platz geschaffen werden, d. h. alle nichtjüdischen Kinder und Jugendlichen hatten ebenfalls, aller-

---

209   Angelika Hagen / Joanna Nittenberg (Hg.): *Flucht in die Freiheit. Österreichische Juden in Israel und Palästina*, Edition INW, Wien 2006, S. 209. VSM und ZVM wurden 1934 von den Klerikalfaschisten verboten.
210   Rath 1992 (Anm. 42), S. 525

dings unter gänzlich anderen Voraussetzungen, ihre Anstalt zu räumen (eine Ausnahme bildete die Schule in der Unterbergergasse mit ihren Parallelklassen). Im Unterschied zu ihren jüdischen Klassenkameraden, die man oft verstreut und auf verschiedene Schulen und Klassen aufteilte, wurde ihnen das Privileg zuteil, zumeist klassenweise in eine andere Anstalt verlegt zu werden, wie etwa die Schüler des Wasagymnasiums in das Schottengymnasium oder die der Zirkusgasse in das Akademische Gymnasium wechselten: „Als wir in das akademische Gymnasium überstellt wurden, mußten wir im Festsaal antreten, und der Lehrkörper des akademischen Gymnasiums, nur vermehrt um einige Herren aus unserer Schule, trat uns gegenüber. Der Direktor hielt uns eine Ansprache, die alles andere als freundlich war, er hat uns verhöhnt und hat gesagt, also jetzt seid ihr hergekommen, weil eure Schule für die Juden freigegeben wurde, und wir werden euch hier zeigen, was es heißt, Latein und Griechisch zu können. Wir waren etwas konsterniert, und da trat der Schulführer der HJ vor und hat den Direktor zur Rede gestellt für diese Ausführungen. Daraufhin hat der Direktor den Schulführer gemaßregelt und ihn abgesetzt. Die Schul-HJ zog sich dann zurück, und die haben nach außen hin ihre Fühler ausgestreckt, und am nächsten Tag hatte der Direktor von einigen Herren Bannführern Besuch in der Schule, und die haben ihm dann erklärt, wenn er es noch einmal wagt, den Schulführer für seine Äußerungen zu maßregeln, dann sei er die längste Zeit Direktor gewesen. Der Direktor hat dann natürlich zurückgezogen."[211]

Umgekehrt aber wurde ein Großteil der jüdischen Kinder und Jugendlichen von der Schule in der Gymnasiumstraße im 19. Bezirk in das Wasagymnasium, die des Realgymnasiums Stubenbastei in die Kleine Sperlgasse und die der Glasergasse in die Realschule Schottenbastei transferiert. Dadurch konnten zumindest an diesen Schulen jeweils mehrere jüdische Schüler einer Klasse zusammenbleiben und waren in ihrer neuen Umgebung nicht gänzlich isoliert.[212] Grundsätzlich aber wurde die Segregation mit äußerster Rücksichtslosigkeit durchgeführt und dementsprechend heterogen war auch die Zusammensetzung der jüdischen Schüler an den Sammelschulen: In der Schottenbastei kamen die Schüler aus insgesamt 14, in der Sperlgasse aus neun Bezirken zusammen. In der Zirkusgasse und der Radetzkystraße entsteht gar der Eindruck, als wären an diesen beiden Schulen Jüdinnen und Juden völlig willkürlich aus allen möglichen Bezirken zusammengewürfelt worden, vielleicht, weil sie aus Schulen kamen, an welchen ihr Anteil vergleichsweise gering war; so trafen in der Zirkusgasse Kin-

---

211 Erich Sch., geboren 1924, Zeitzeugensammlung zur Schulgeschichte. Zit. n. *Wien 1938*, Historisches Museum der Stadt Wien. 110. Sonderausstellung, Wien 1988, S. 173

212 Wenngleich auch an diesen Schulen noch zusätzlich jüdische Kinder aus anderen Bezirken zugeschult worden waren.

der von Anstalten aus dem 1., 3., 5., 6., 8., 12. und 16. Bezirk aufeinander, in der Radetzkystraße aus dem 1., 2., 4., 5., 6., 7., 10. und 13. Bezirk.

Wie in der Anstalt in der Unterbergergasse waren auch in der Albertgasse Parallelklassen eingerichtet worden, an welchen alle jüdischen Schüler jeweils eines Jahrgangs zusammengezogen und ab März gemeinsam mit evangelischen bzw. konfessionslosen unterrichtet wurden. Diese I-Klassen hatten, wie bereits gezeigt wurde, in gewisser Weise schon im klerikalfaschistischen Ständestaat (allerdings nicht an den genannten Schulen) existiert und dienten der nationalsozialistischen Schulbehörde offenkundig als Vorbild. Während jedoch in der Unterbergergasse keine weiteren jüdischen Schüler zugeschult, sondern in derselben Anstalt separiert wurden, kam in der Albertgasse eine nicht exakt überlieferte Anzahl hinzu.[213]

Um sich nur annähernd eine Vorstellung davon machen zu können, wie viele Schüler manchmal in einer einzigen Klasse zusammengepfercht unterrichtet wurden, ein paar ergänzende Zahlen: In der Kleinen Sperlgasse waren über 50 Schüler in einer Klasse keine Seltenheit, der achte Jahrgang, eine Maturaklasse, wurde gar von 61 Jugendlichen frequentiert. Wie man unter solchen Umständen überhaupt lernen, sich konzentrieren bzw. auf die Matura vorbereiten konnte, übersteigt die Vorstellung. In anderen Sammelschulen waren die Klassen zwar ebenfalls überfüllt, doch mehr als fünfzig Schüler stellten eher die Ausnahme dar; z. B. saßen in der zweiten und vierten Klasse des Gymnasiums Zirkusgasse 52, in der dritten gar 58 Kinder. In den anderen Anstalten lag die Schülerdichte pro I-Klasse im Schnitt bei 35.

All dies kann nicht mehr sein als eine bloße Schilderung von katastrophalen Zuständen; müßig der Gedanke, hinter der Segregation auch nur irgendeinen vernünftigen pädagogischen Gedanken zu vermuten; nichts als Terror und Schrecken galt es unter den Juden und deren Kindern zu verbreiten.

Was die Schulwege betrifft, die viele Jugendliche plötzlich auf sich nehmen mußten, so waren sie endlos, oft führten sie buchstäblich quer durch Wien. Angesichts der damaligen Verkehrsverbindungen war es wohl eine kleine Weltreise, die zehn-, elfjährige Kinder, aber auch ältere Jugendliche tagtäglich zurücklegten, um etwa vom 10., 12. oder 19. Bezirk in das Realgymnasium in der Kleinen Sperlgasse zu gelangen. Sie mußten nicht nur mehrmals die Elektrische, wie die Straßenbahn damals genannt wurde, bzw. die Stadtbahn wechseln, sondern hatten obendrein mitunter längere Fußmärsche in Kauf zu nehmen. Ein Schulweg von eineinhalb bis zwei Stunden oder auch länger war unter diesen Bedingungen nicht ungewöhnlich. Und je länger diese Kinder unterwegs waren, desto größer war die Gefahr, daß man ihnen unterwegs etwas antat. Es war einfach ein großes

---

213 Wie bereits erwähnt, existieren hier keine genauen Angaben.

Risiko, das Haus zu verlassen und stundenlang unterwegs zu sein, die Angst der Eltern war entsprechend groß.

Obwohl die nationalsozialistische Pädagogik die Koedukation in der Schule strikt ablehnte, wurden an Sammelschulen Mädchen und Buben zum Teil gemeinsam unterrichtet. Überhaupt war es gänzlich sekundär, ob und wie der Unterricht an diesen Anstalten die verbleibenden zwei Monate durchgeführt werden konnte, ob dort das Chaos herrschte oder ob alles einigermaßen geregelt ablief, zumal die endgültige Ausgrenzung jüdischer Kinder und Jugendlicher mit Ende des Schuljahres längst beschlossene Sache war. Je mehr Juden und Jüdinnen die Anstalt aus eigenen Stücken verließen, je mehr aus Angst oder Verzweiflung einfach zu Hause blieben oder ins Ausland flüchteten – Hauptsache, es gelang, die Vertreibung mit allen nur erdenklichen Mitteln in Gang zu setzen.

Mit Ausnahme der Anstalt in der Kleinen Sperlgasse, die nur von Buben besucht wurde, war also in allen anderen Sammelschulen das Prinzip der Koedukation, das 1934 von den Klerikalfaschisten wieder aufgehoben worden war, erneut in Kraft getreten, ein Umstand der manche Schüler und Schülerinnen verständlicherweise zunächst verstörte: Chaim Hagitti, Schüler in der Unterbergergasse, notierte Anfang Mai in sein Tagebuch: „Erster Schultag in der ersten Klasse, rein jüdisch. Zum ersten Mal Burschen und Mädels in einer Klasse. Ein verwirrendes Gefühl. Aber es ist gut, in Mädchenaugen zu schauen."[214]

Exkurs: „Man wird länger ‚Schma Yisroel' als ‚Heil Hitler' sagen"[215]

Das Chajes-Realgymnasium in der Staudingergasse, im 20. Wiener Gemeindebezirk, war die große Ausnahme unter den Schulen Wiens: denn während in Deutschland eine Vielzahl unterschiedlicher jüdischer Anstalten existierte, gab es in Wien, wo der Grad der Assimilation weitaus höher war, nur ein einziges jüdisches Realgymnasium. Gegründet hatte es der Wiener Oberrabbiner Zwi (Hersch) Perez Chajes, ein ambitionierter Pädagoge, auf dessen Initiative unter anderem das Hebräische Pädagogium, die Israelitisch-theologische Lehranstalt[216], das Jüdische Religionsseminar sowie zwei jüdische Volksschulen[217] und

---

214 Chaim Hagitti: Brief an Renate Pražak vom 14. 4. ohne Jahreszahl, Briefsammlung, Gedenkstätte Karajangasse
215 Die folgende Rekonstruktion der Geschichte der Schule beruht in erster Linie auf Binyamin Shimrons Buch *Das Chajesrealgymnasium in Wien 1919–1938*. Tel Aviv 1989, der umfangreichsten Darstellung dieser Schule.
216 Diese Anstalt war bereits 1893 gegründet worden, unter Chajes Leitung wurde sie zu einer „wichtigen Pflegestätte der Wissenschaft".

mehrere Kurse zurückgingen.[218] Als das Realgymnasium unmittelbar nach dem Ersten Weltkrieg im Jahr 1919 im 1. Bezirk seine Tore öffnete, war der Andrang so groß, daß gleich der erste Jahrgang mit drei Parallelklassen geführt wurde. 1923 übersiedelte die Schule in die Castellezgasse, im 2. Bezirk, während des Austrofaschismus fand sie schließlich in der Staudingergasse eine Bleibe. Finanzielle Forderungen an den österreichischen Staat durften jedoch keine gestellt werden; denn nur unter dieser Bedingung wurde die Erlaubnis zur Gründung der Anstalt erteilt. Statt einer „öffentlichen Institution der jüdischen Gemeinschaft", wie es sich der Rabbiner gewünscht hatte, blieb nun nichts anderes übrig, als das Realgymnasium als Privatschule zu führen. Und da sowohl der Staat als auch die Gemeinde Wien der Anstalt jede Unterstützung verweigerten, war sie Zeit ihres Bestehens auf die Subvention der Israelitischen Kultusgemeinde sowie auf Spenden angewiesen. Denn das minimale Schulgeld, das von den zumeist aus osteuropäischen Familien stammenden Schülern und Schülerinnen eingehoben wurde, reichte bei weitem nicht aus, die Anstalt zu finanzieren.

Chajes, Sohn einer ostjüdischen, galizischen Gelehrtenfamilie war überzeugter Zionist; bewußte Juden im Sinne religiöser Tradition sollten aus dem Realgymnasium hervorgehen. „Die Ziele waren hochgesteckt: jüdische Jungen und Mädchen – die Schule war von Anfang an koedukativ – zu geraden, aufrechten harmonischen Menschen zu machen [...], jedoch nicht, wie solche Ziele bis dahin erstrebt wurden, durch Akkulturation und Assimilation, wobei das Jüdische immer mehr zusammenschrumpfte, bis es ganz verschwand, sondern auf einer festen Basis – der jüdischen Kultur mit ihren generationenlangen Traditionen und ihrer Erneuerung unter dem Einfluß des Wiederauflebens der hebräischen Sprache als Kulturträger, der modernen kulturellen Strömungen und der jüdischnationalen zionistischen Bewegung."[219] Zionismus und Aufklärung stellten für Chajes keine Gegensätze dar – an Lessings Humanismus orientiert, sollte die Schule keinesfalls ein geistiges und kulturelles Ghetto sein. Das Problem, das sich im Unterricht konkret stellte, war jedoch die Frage, ob staatsbürgerliche Erziehung, die im Lehrplan österreichischer Schulen zwingend vorgeschrieben war, sich überhaupt mit dem zionistischen Ideal vereinbaren ließ. Daß diese Quadratur des Kreises schließlich gelang, ist wohl dem taktischen Geschick der Leitung der Anstalt, vor allem Viktor Kellner, dem Direktor, sowie den Lehrern und Lehrerinnen zu danken. Denn die Anerkennung der Schule durch die staatliche Behörde war unabdingbar, zumal davon das Öffentlichkeitsrecht, d. h. das Recht, staats-

---

217 Sie musste nach einigen Jahren aus finanziellen Gründen wieder geschlossen werden.

218 Moritz Rosenfeld: *Oberrabbiner Hirsch Perez Chajes. Sein Leben und Werk*, Wien 1933, S. 56ff.

219 Shimron 1989 (Anm. 215), S. 8

gültige Zeugnisse auszustellen, abhing. Es war jedenfalls als Erfolg zu werten, als der Schule dieses Recht bereits 1921 verliehen wurde.

Die sozialdemokratische Schulverwaltung brachte dem zionistischen Schulprojekt freilich keine Sympathie entgegen. Wie die Sozialdemokratie insgesamt lehnte auch sie die jüdisch-nationale Idee ab; die Lösung der „jüdischen Frage" bestand für sie einzig in der völligen Assimilation, der Preisgabe jeglicher religiösen und kulturellen Besonderheit, ungeachtet der Tatsache, daß der ständig zunehmende Judenhaß die Assimilation gar nicht zuließ, sondern ihr in jeder Weise entgegenstand, sie verhinderte. Stein des Anstoßes war also vor allem, daß es sich um eine bewußt jüdisch-kulturelle Anstalt handelte, um ein autonomes jüdisches Projekt, das da mitten in Wien im Entstehen war. Zwar hatte das Chajes-Gymnasium im Gegensatz zu den konservativen Klerikalen keinerlei Ambitionen, die Sozialdemokratie politisch zu bekämpfen, doch zeigte sich der Stadtschulrat eben auch nicht bereit, die jüdisch-nationalen Vorstellungen des Direktors so einfach hinzunehmen. Man stieß sich insbesondere an Hebräisch als dritter und somit die Schüler angeblich überlastender Fremdsprache. Indem aber die Schulleitung Hebräisch als Freifach deklarierte, gelang es, den Gegnern den Wind aus den Segeln zu nehmen. Daß das Herzstück des Lehrplans, nämlich Hebräisch und Religion, letztendlich doch Anerkennung fand und durchgesetzt werden konnte, hat wohl auch mit den hervorragenden Leistungen der Schüler in den humanistischen Fächern zu tun, die, wie in einem Inspektionsbericht vermerkt ist, „den Durchschnitt der Bundesmittelschulen [...] vielfach nicht unbeträchtlich übersteigt."[220]

Das Chajes-Gymnasium war in Wien, wo der Antisemitismus in den zwanziger Jahren und zu Beginn der dreißiger Jahre besonders grassierte, gleichsam eine Insel, in der jüdische Schüler und Schülerinnen relativ geschützt und in Ruhe lernen und ihren Studien nachgehen konnten: „Wir waren unter uns. Wir mußten und wollten besser sein als die anderen, und nicht zuletzt infolge der strikten intellektuellen Auslese waren wir es auch. Wir litten nicht unter dem Antisemitismus der Staatsschulen, und wir brauchten uns nicht gegen Unrecht zu verteidigen. Ebenso wichtig war ein zweites. Ausländer wurden an Staatsschulen nicht aufgenommen[221] und jüdische Lehrer prinzipiell nicht angestellt – Juden an Staatsschulen waren entweder Religionslehrer oder Überbleibsel aus der Monarchie. Daher waren Schüler und Lehrer aufeinander angewiesen: ohne Schule keine Stelle und ohne jüdisch-bewußte Lehrer keine Schule. Diese Schicksalsverbundenheit, sozusagen eine spezielle Art des allgemeinen jüdischen Schicksals

---

220 Ebd., S. 18
221 Das ist unrichtig, in den Klassenkatalogen der „Staatsanstalten" gibt es zahlreiche Schüler mit ganz unterschiedlicher ausländischer Staatsbürgerschaft.

und der viel berufenen jüdischen Solidarität, schuf von vorneherein, zusammen mit allen anderen Gegebenheiten eine besondere Atmosphäre in der Schule, die viel zu ihrem Erfolg beitrug. Die Staatsschulen waren nicht nur für Juden ein schlechter Nährboden. Das strikt autoritäre System, die unüberbrückbare Distanz zwischen Lehrern und Schülern, mangelndes Interesse der Lehrer für die schweren materiellen und seelischen Probleme ihrer Schüler, sexuelle Feigheit oder Verlogenheit, die de facto absolute Herrschaft des Direktors und seines ‚Lehrkörpers' und die vermeintlichen Folgen, Unterdrückung und Unrecht – all das machte die öffentliche Schule zum Feind des Schülers und die Erziehungsergebnisse waren danach. Vieles davon gab es natürlich auch bei uns, denn die Schule mußte in den Grenzen des Systems bleiben, aber es wurde menschlicher angewendet. So wirkte zum Beispiel die Koedukation beruhigend, obwohl sexuelle Themen, dem ‚Zeitgeist' entsprechend, selten berührt wurden."[222] Die Koedukation war übrigens auch der Grund, weshalb die Schule von orthodoxen Juden nicht besucht wurde.

Nach dem Einmarsch der Nationalsozialisten begannen für das Chajes-Gymnasium „fünfzehn Monate der Verzweiflung."[223] Während an den öffentlichen Mittelschulen die Vertreibung bereits Ende April 1938 einsetzte, konnte an dem einzigen jüdischen Realgymnasium in Wien der Betrieb vorerst aufrechterhalten werden. Es wäre aus der Sicht der Nationalsozialisten auch wenig sinnvoll gewesen, die Schule sofort zu schließen, zumal dann mehrere hundert jüdische Schüler zusätzlich auf andere Anstalten hätten verteilt werden müssen. Der umgekehrte Fall trat ein und das Chajes-Gymnasium wurde gleichsam zu einer weiteren Sammelschule, allerdings auf eigenen Wunsch des Direktors, der sich umgehend bereit erklärte, jüdische Schüler, die von den öffentlichen Gymnasien verjagt worden waren, aufzunehmen. Doch schon im Mai mußte die Schülerzahl von 613 auf 469 beschränkt werden, im folgenden Jahr durften nur noch Vorzugsschüler und Kinder von Frontkämpfern, also von Juden, die im Ersten Weltkrieg Militärdienst geleistet hatten, aufgenommen werden. Stella Klein-Löw, die damals an der Schule unterrichtete, berichtet: „Meine Kinder kamen mit roten Augen, blaß und angsterfüllt, aber sie kamen und arbeiteten [...]. Oft und oft kamen die Buben am Morgen blutüberströmt in die Schule. Sadisten in Zivil und Uniform hatten mit ihnen ihren ‚Spaß' getrieben. Wir richteten eine Apotheke ein; der Schularzt kam täglich. Aber die Buben und Mädchen kamen weiterhin, brachten ihre Hausaufgaben, arbeiteten, meldeten sich, strahlten auf bei Lobesworten. Nur still waren sie geworden, sehr still und sie lachten nicht mehr. Sie lächelten nur sehr

---

222 Shimron 1989 (Anm. 215), S. 25
223 Ebd., S. 45

selten."[224] Nicht alle, die in der Chajes-Schule Aufnahme fanden, verstanden sich als Juden, viele waren längst getauft, hatten den evangelischen oder katholischen Glauben angenommen oder waren konfessionslos. „Eine wahre Tragödie rollte vor meinen Augen und Ohren ab. Da saßen neue Schüler, die bis vor kurzem keine Ahnung gehabt hatten, daß sie Juden waren. Ihre Eltern, ja ihre Großeltern waren Christen gewesen; deren Kinder und Enkelkinder, wohlbehütete, verwöhnte, vortrefflich erzogene junge Menschen, hatten kaum jüdische Kinder als Freunde gehabt. Jetzt saßen sie neben jüdischen Schülern, die zu einer Klassengemeinschaft zusammengewachsen waren. Sie waren Außenseiter, Fremdkörper. Verstört, verunsichert durch das Schreckliche, das ihnen geschehen war, fühlten sie hier erst wirklich, woran sie waren. Die jüdischen, bewußt jüdischen Schüler waren von rührender Hilfsbereitschaft. Sie übersahen Taktlosigkeiten, überhörten häßliche Bemerkungen."[225] Es ist sicherlich schwierig, die Situation dieser Kinder zu beurteilen, die kaum begreifen konnten, daß sie über Nacht von den Nationalsozialisten zu Juden erklärt und von ihren eigenen Schulen vertrieben worden waren; die aus ihrer vertrauten Umgebung gerissen, sich plötzlich in einer neuen Klasse mit fremden Lehren und Schülern zurechtfinden mußten und womöglich mit antisemitischen Bemerkungen reagierten; die bislang in weitgehend assimilierten Familien lebten und manchmal keine Ahnung hatten, daß einer ihrer Verwandten Jude war, und was das überhaupt für Folgen haben konnte. Und die, wie Sonja Wachstein schreibt, „durch die Ereignisse viel tiefer verletzt waren, als die Schüler des Chajesgymnasiums, die sich ihrer jüdischen Identität und existenzieller Unsicherheit immer bewußt gewesen waren."[226] Es ist gut vorstellbar, daß die Neuankömmlinge sich nicht zurechtfanden, aber war dies unter diesen politischen Verhältnissen überhaupt möglich?

Stella Klein-Löw unterrichtete seit 1933 am Chajes-Gymnasium, nachdem man ihr, der „Jüdin *und* Sozialistin" eine Stelle an einer staatlichen Mittelschule verweigert hatte. Schon in ihrer Gymnasialzeit hatte sie sich der Sozialdemokratie angeschlossen und als die Partei 1933 verboten wurde, hielt sie den illegalen Revolutionären Sozialisten die Treue. Dem Zionismus aber stand sie, wie nahezu alle ihre Parteigenossen, ablehnend gegenüber. Könnte es sein, daß sie, just in dem Augenblick, als die nationalsozialistische Verfolgung einsetzte, dem zionistischen Projekt plötzlich und unbewußt Sympathien entgegenbrachte? Und ausgerechnet jene, die versucht hatten, sich in die antisemitische Gesellschaft zu integrieren, als „Fremdkörper" betrachtete?

224 Klein-Löw 1980 (Anm. 55), S. 110f.
225 Ebd., S. 111
226 Sonja Wachstein: *Hagenberggasse 49, Erinnerungen an eine Wiener jüdische Kindheit.* Schriftenreihe des Instituts für Geschichte der Juden in Österreich, Bd. 6, hg. v.. Eleonore Lappin, Wien 1996, S. 169

Tatsächlich hatte der nationalsozialistische Terror die Widersprüche zwischen den Zionisten und den assimilierten Juden in einer bislang nie gekannten Weise verschärft und zugleich dazu herausgefordert, sie im Sinne des Zionismus aufzulösen. Zu einem Zeitpunkt, als die Assimilation so weit wie nie zuvor fortgeschritten war, waren selbst jene, die kaum mehr einen Bezug zu ihrer jüdischen Herkunft hatten, wieder zu Juden geworden und der Verfolgung und Vernichtung preisgegeben. Die nationale Frage, der Aufbau und die Gründung eines eigenen Staates hatten dadurch eine völlig neue Dimension bekommen.

„Bei allem brüderlichen Mitgefühl", schreibt Viktor Kellner, „das wir diesen Menschen entgegenbringen, sind wir aufs äußerste befremdet davon, daß so viele junge Juden noch immer an der Not des Volkes, an seinen Gemeinschaftsaufgaben und seinen kulturellen Werten vorbei gelebt haben. Für sie beginnt jetzt eine neue Entwicklung und es wird unsere Sache sein, ihnen zu helfen, daß die Entwicklung, in die sie eintreten, fruchtbar werde, sowohl für ihr eigenes Wesen, wie für die Gemeinschaft des Volkes. Wie so oft in der jüdischen Geschichte hat auch in diesem Raum und in dieser Zeit wieder das äußere Geschehen in das jüdische Leben eingegriffen […]. Die jüdische Jugend muß wieder historisch denken. Sie muß erkennen, daß der Prozeß der Dissimilation sich immer von neuem vollzogen hat. Wer diese Verbindung mit der jüdischen Geschichte hat, der trägt das jüdische Schicksal leichter. Die jungen jüdischen Menschen müssen dazu geführt werden, daß sie den Sinn der jüdischen Existenz erleben. Dies ist die erste Aufgabe jüdischer Erziehung."[227]

Im Frühjahr 1939, als es Juden längst verboten war, öffentliche Mittelschulen zu besuchen, wurde auch dem Chajes-Gymnasium das Öffentlichkeitsrecht entzogen. Die Schülerzahl nahm kontinuierlich ab, da zahlreiche Schüler mit ihren Familien ins Ausland flüchteten. Und auch unter den Lehrern herrschte eine ständiges Kommen und Gehen, zumal nur mehr sogenannte „Staatspensionisten", also jüdische Lehrer, die bereits von anderen Schulen vertrieben worden waren, aufgenommen werden durften. Im Herbst wurde schließlich der Mietvertrag für das Schulgebäude gekündigt und der Verein „Jüdisches Realgymnasium" aus dem Vereinsregister gelöscht. Zum letzten Mal hatten im Sommer 1938 die Schüler und Schülerinnen der Anstalt maturiert. Zwölf Jahrgänge waren bis dahin zu einem Abschluß gelangt. Da die Klassenkataloge nicht mehr existieren, gibt es auch keine genauen Zahlen über jene, die aus dieser Anstalt hervorgegangen sind, Schätzungen sprechen von etwa 1 500 Schülern.[228]

---

227   Zit. nach: Evelyn Adunka: *Exil in der Heimat: Über die Österreicher in Israel.* Wien/München/Bozen 2002, S. 162f.
228   Shimron 1989 (Anm. 215), S. 25

Es war nicht allein das außergewöhnlich hohe Niveau der Schule, der koedukative Unterricht oder die vielen guten und engagierten Lehrkräfte, die das Chajes-Gymnasium zu einer besonderen Anstalt gemacht hatten. Humanistische Bildung, so wichtig sie auch sein mochte, verlor angesichts der nationalsozialistischen Bedrohung letztlich an Bedeutung. Was wirklich zählte, war, daß im Augenblick, als der nationalsozialistische Terror losbrach, längst ganze Klassen in der zionistischen – vor allem in der zionistisch-sozialistischen Jugendbewegung organisiert und für ein Leben in einem zukünftigen Staat Israel vorbereitet waren; daß es die zionistische Idee war, die vielen Schülern und Schülerinnen Mut machte, ihr Selbstbewußtsein stärkte, ihnen eine reale politische Alternative bot und sie vor dem sicheren Tod durch die Nationalsozialisten bewahrte: „Es besteht für mich kein Zweifel", schreibt Benjamin Shimron, „daß sich mein Leben [durch die Schule; R.G.] in eine bestimmte, positive Richtung entwickelt hat und ich bin sicher, daß ich ein Opfer des nationalsozialistischen Terrors geworden wäre, wenn mich die Erziehung in der Schule nicht zum Zionismus gebracht hätte. So wie viele andere verdanke ich der Schule mein Leben [...]."[229] Dieser „Dank" an das Chajes-Gymnasium stellt zugleich die radikalste Kritik an all jenen dar, die den Aufbau des zionistischen Staates, der allen vom Antisemitismus Bedrohten bis am heutigen Tag Schutz bietet, abgelehnt und stattdessen in der Assimilation die einzige politische Lösung gesehen haben.

Der Direktor der Anstalt, Viktor Kellner, flüchtete Ende 1938 nach Palästina, freilich nicht ohne sich von seinen Schülern zu verabschieden: „Ich weiß nicht, welche Zukunft Ihr vor Euch habt. Aber eines kann ich Euch mit Sicherheit sagen; Man wird länger ‚Schma Ysrael' als ‚Heil Hitler' sagen."[230]

„Niemandem würden wir wohl abgehen." Der unmittelbare Ausschluß und die Folgen

Nachdem am 27. April 1938 im Stadtschulrat für Wien eine Besprechung aller Mittelschuldirektoren stattgefunden hatte, bei der die Weisung zur sofortigen Absonderung der jüdischen von den arischen Schülern erteilt worden war, wurde nur zwei Tage später der Ausschluß vollzogen. Obwohl schon seit Wochen Jüdinnen und Juden gedemütigt und schikaniert wurden, zumeist nur von den anderen Schülern abgesondert in den hinteren Bänken am Unterricht teilnehmen konnten, waren die meisten von der plötzlichen Ghettoisierung überrascht und erschüttert, als sie am Morgen des 29. April wie gewöhnlich ihre Klassenzimmer betraten

---

229 Ebd., S. 45
230 Ebd.

und man ihnen mitteilte, daß sie auf der Stelle ihre Schule zu verlassen hatten, um in eine andere, ihnen fremde Anstalt „umgeschult" zu werden. Was in den Klassenkatalogen mit einem lapidaren „umgeschult" oder manchmal auch haß-erfüllt mit Rotstift „gestrichen: Jude!" vermerkt ist, bedeutete für den einzelnen eine Zäsur, unabhängig davon, ob er oder sie die Geschehnisse so rasch wie mög-lich aus seinem Leben zu streichen oder auf andere Weise zu bewältigen ver-suchte. Die „Vertreibung in eine andere Schule (Schottenbastei)", schrieb E.S. Sharon, „war ein traumatisches Erlebnis, das Studium dort bis zum Ende des Schuljahres ein Riß in jeder Beziehung und ist mir als eine chaotische Leere (pa-radox!) in Erinnerung geblieben, oder eigentlich aus meiner Erinnerung gelöscht. Wir hatten mit einem Schlag unsere Umgebung, unsere Routine, unsere jüdischen (und nicht-jüdischen) Freunde verloren, all das zusätzlich zu dem, was im Haus und in der Familie passierte."[231] Was immer ihnen bis zum Zeitpunkt des Aus-schlusses an Erniedrigungen zugefügt worden war, ab diesem Augenblick war je-de noch so geringe Illusion zunichte, jeder Zweifel ausgeschlossen: auch in dem für sie so existenziellen Bereich, der Schule, waren jüdische Kinder und Jugend-liche ganz unmittelbar von nationalsozialistischer Willkür und Entrechtung be-troffen.

Eigenmächtig und beliebig war auch die Art und Weise, wie Lehrer und Di-rektoren die Segregation vollzogen, ob sie, selten genug, der antisemitischen Hetze des Pöbels Einhalt geboten oder dem Treiben tatenlos zusahen; es gab An-stalten, an welchen Schülern sogar das Betreten des Schulhauses verboten war.[232] Andere wieder, so etwa Susanne Bock und ihre jüdischen Mitschülerinnen, erfuh-ren durch den Schuldiener, der mit einem sogenannten Läufer durch alle Klassen geschickt worden war, daß sie augenblicklich die Klasse zu verlassen hatten: „Wir gingen also. Keine Mitschülerin verabschiedete sich, kein Lehrer drückte auch nur das leiseste Bedauern aus, kein Händeschütteln, nichts. Niemandem würden wir wohl abgehen. Einige Tage später wurden wir, nach allerlei Anfra-gen, Rückfragen und Nachfragen aufgefordert den Unterricht in einer ganz ande-ren Schule wieder aufzunehmen. Im 20. Bezirk wurde im Schulgebäude der Un-terbergergasse ein Stockwerk für jüdische Schüler aus mehreren Wiener Schulen eingerichtet, das durch einen separierten Eingang zugänglich war, und wo man daher die jüdischen Schüler von den anderen getrennt ‚halten' konnte. ‚Halten' ist das richtige Wort, denn wir wurden dort ‚gehalten' wie Vieh im Stall. Wenn wir die Schule in der Früh vor acht durch diesen Nebeneingang betraten, mußten wir durch eine johlende Horde junger Burschen Spießruten laufen, die uns ver-

---

231   E. S. Sharon: Brief v. 30. Oktober 2005
232   Renate Mercsanits: „Von der religiösen Vielfalt und anderen Denkwürdigkeiten am RG III, Radetzkystraße 2a", in: *150 Jahre!* Hg. v. Eva Tesar, Wien 2001, S. 46

höhnten und auf uns eindroschen. Mit der Schultasche über dem Kopf rannten wir unter ihrem Gejohle und Gepfeife bis zum schützenden Hauseingang." Jeden Tag, so Susanne Bock, hätte sie es sich zu Hause überlegt, ob es nicht gescheiter sei, die Schule „an den Nagel zu hängen", zumal ein späteres Studium ohnehin aussichtslos schien, „also wozu die Qual?"[233]

Diese Brutalität der Nationalsozialisten gegenüber jüdischen Kindern, zumeist handelte es sich um Angehörige der Hitlerjugend, war nicht singulär. Ähnliche Szenen konnte man auch am Gymnasium in der Zirkusgasse beobachten. Oscar Scherzer, der dort die achte Klasse besuchte und dessen Erinnerungen u. a. deshalb so wertvoll sind, weil er sie unmittelbar nach seiner Flucht nach Paris zu Papier gebracht hat, beschrieb in seinem Buch *Under Swastika and the French Flag* die Tage nach dem 29. April: „One morning at about 9:30, during a lecture on Logic, we heard in intervals of a minute, the by now well often repeated yelling of ‚Die Juden müssen raus, wir wollen reines Haus‘ (The Jews must get out, we want a clean house.) The teacher asked one of the students to step into the hallway to see what was going on. He returned to tell the teacher that the former students intended to storm the school, that they were in Hitler Youth uniforms and about one hundred men strong. The yelling was so loud that all classes had to interrupt lectures. The professors left the classrooms, went in to the teachers' conference room and left us at the mercy of the Hitler Youths who were armed with daggers.

Adolf Wasser jumped on the table and said: ‚Fellows and Girls, what are we to do now? The bell has sounded three times, which means that the school is over and we must leave the building. About one to two hundred hoodlums are waiting for us downstairs and even if they might be less in numbers then we, we must remember that we have 10, 11, and 12 year old kids amongst us whom we cannot expect to be fighting with us. But there is nothing else to do but to run out of the building. I do not believe that they will harm us and if they dare to, we will defend ourselves.‘ Big boy Konditor said: ‚You are crazy, Adi, even if we were 1000, we must consider that they have daggers. They also may call the SA and they will all lock us up. We are at their mercy! The only thing which we can do is go to the Director and ask for his protection.‘ Mueller and Konditor volunteered to look for the Director. They returned soon and reported that Dr. Barta was negotiating with the Aryans. They wanted to get their school back immediately, otherwise they would not move. After a few minutes, one of the physical education teachers, not the one who had been teaching our class, but one who had been known as an ardent Nazi long before March 1938 and had the rank of Standartenführer, screamed at us: ‚Didn't you understand, you have to leave the building

---

233 Bock 1999 (Anm. 63), S. 90f.

and do it fast. Are you expecting to be accompanied, each one of you by a policeman for protection, you cowards? I will be back in five minutes and anybody who is still in the building will have to deal with me personally.' Wasser said: The only thing we can do is to leave the building quietly and in closed formation and if we are attacked we will defend ourselves, that's for sure.' One of the girls said: ‚We will go first, let's see if they attack us.'

We started to move. The Nazis were in front of the school and we were glad to notice that none of our former classmates, the boys of the 8th grade, were with them. The director was standing near the door and was unable to have the Hitler Youth move away. The physical education professor was pushing the Jewish students leaving the building. Adi Wasser was in command: ‚The whole company, march! Leave in groups of four and fall out in three different directions. Get home as quickly as possible. Be brave! Good luck!' The girls opened the door and went out into the street. After them went Wasser, Engel, Konditor and Mueller. Then followed the rest of the 8th grade, then the 7th grade, the 6th, the 5th, the 4th and then thirteen, twelve, eleven, and ten year old students. Feuerstein was the only one of the 8th grade who was wounded. Among the students of the 5th grade, two received dagger wounds. Several of the smaller boys were badly beaten and Rosenfeld, a student for the 6th grade who suffered from heart disease, collapsed and had to be hospitalized. One student of the 7th grade, who had previously evoked the wrath of the Nazis, was able to leave the building unharmed thanks to the help of two Aryan colleagues."[234]

Oscar Scherzers Bericht, er hat das Buch erst 2003 veröffentlicht, zählt zu den erschreckendsten Schilderungen der Ereignisse unmittelbar nach der Segregation und zeigt, daß NS-Gewalt und -Terror an einigen Schulen Wiens pogromartige Dimensionen annahmen. Das Ausmaß an Verrohung, das sich am Gymnasium in der Zirkusgasse entlud, hatte nicht nur damit zu tun, daß sämtliche nichtjüdischen Schüler in das Akademische Gymnasium übersiedeln mußten, was offenkundig deren antisemitischen Haß besonders anfachte, sondern ebenso damit, daß das Schulpersonal nahezu geschlossen hinter den Schlägern stand und sie uneingeschränkt gewähren ließ. Berichte von der Anstalt in der Unterbergergasse zeigen allerdings, daß es sich dabei keineswegs um einen Einzelfall handelte.

Was letztere Schule betrifft, so gibt es dazu einen sorgfältig gestalteten Band mit dem Titel: *Die verlorene Insel. Als Schulen zu Gefängnissen wurden*, der im Zuge einer schulinternen Ausstellung entstanden war. Diese umfangreiche, singuläre Präsentation nationalsozialistischer Schulgeschichte befindet sich im Keller

---

234 Oscar Scherzer: *Under Swastika and the French Flag*, New York 2003, S. 51ff.

94

der Anstalt und existiert seit 1999. Sie ist bis heute öffentlich zugänglich, und es lohnt sich, sie zu besuchen.[235]

An dem Gymnasium unweit des Augartens, an dessen Mauer damals „Juden und Hunden verboten"[236] zu lesen stand, hatte man nicht nur jüdisch definierte Schüler von ihren nichtjüdischen getrennt und in eigene „Israelitenklassen" – im Gegensatz zu den „Arierklassen" – separiert, sondern die Nationalsozialisten hatten außerdem in demselben Gebäude, der ehemaligen Volksschule, ein Gestapogefängnis eingerichtet, in dem Juden, unter ihnen Bruno Kreisky und der Kabarettist Fritz Grünbaum, der später in Dachau umkam, gefangen gehalten wurden, um sie von dort aus in ein Konzentrationslager zu transportieren. Die Bedingungen waren erbärmlich; die Gefangenen erhielten nur Wasser und Brot, schliefen in kahlen Zellen, auf Strohsäcken und viele von ihnen erkrankten.[237] Ein Schüler erinnert sich, daß sein Vater damals gemeinsam mit vielen anderen grundlos verhaftet und in das Gefängnis in der Unterbergergasse gebracht worden war. „Wir Kinder konnten die Häftlinge mit Mühe vom Fenster der Garderobe sehen, wenn sie im Hof waren. Einmal ging ich nach Haus und berichtete, daß ich meinen Vater gesehen hatte, und meine Mutter war selig, weil am Vorabend ein Transport nach Dachau (KZ) gefahren war."[238] Man vermag sich kaum vorzustellen, was es für Kinder bedeutete, einerseits das Gestapogefängnis vor Augen zu haben, andererseits die ständige Angst, von rabiaten „arischen" Mitschülern vor und nach dem Unterricht angegriffen und verprügelt zu werden. Wie war unter solchen Bedingungen überhaupt auch nur ein Minimum an Konzentration und Disziplin aufzubringen, um dem Unterricht zu folgen?

Vergleichsweise ruhig hingegen ging es an jenen Sammelschulen zu, an welchen keine „Israelitenklassen" existierten, die also ausschließlich von jüdischen

---

235 Die Idee zu dieser Ausstellung stammte ursprünglich von Mag. M. Zahradnik, der sie gemeinsam mit Schülern 1988, 50 Jahre nachdem Österreich dem Deutschen Reich angegliedert worden war, gestaltete. 1998 wurde beschlossen, diese Arbeit erneut aufzunehmen. Im Zusammenwirken der Kultur- und Stadtteilinitiative Aktionsradius Augarten, des Schulprojekts Gymnasium BRG XX sowie einer Lehrer-Schülergruppe aus dem Polytechnikum Vorgartenstraße entstand die „Gedenkstätte Karajangasse" mit der Ausstellung: „Die Verlorene Insel. Als Schulen zu Gefängnissen wurden ..." Der Band zur Gedenkstätte wurde von Robert Sommer herausgegeben und erschien 1999 in der Edition UHUDLA. Bedanken möchte ich mich insbesondere bei der Leiterin des Projekts, Frau Mag. Renate Pražak, die mir in vieler Weise sehr behilflich war.

236 Rose Jage: Brief an Renate Pražak Februar 200, Briefsammlung, Gedenkstätte Karajangasse

237 Vgl.: Walter Grab: *Meine vier Leben. Gedächtniskünstler – Emigrant – Jakobinerforscher – Demokrat.* Köln 1999, S. 53f.

238 Brief v. April 1999, o. N., Briefband. Sammlung Ausstellung: „Die verlorene Insel" (Anm. 228)

Schülern besucht wurden; zumindest hier waren sie vor antisemitischen Übergriffen von ihren Mitschülern geschützt: „Die zu Juden Erklärten unter uns", berichtet Egon Schwarz, „kamen in das Sperl-Gymnasium im zweiten Bezirk, dem Wiener Judenviertel, und nun brauchten wir uns nicht mehr sagen zu lassen, daß wir mit unserer Anwesenheit die arische Reinheit des Gymnasiums besudelten, in dem uns bisher die Gelehrsamkeit vermittelt worden war. Aber auch hier, in unserem gymnasialen Ghetto, dachte niemand im Ernst daran, unseren Geist weiter auszubilden. Nach wenigen Wochen der nur dürftig verdeckten Untätigkeit war das Schuljahr zu Ende und wir wurden mit irgendwelchen willkürlichen Zensuren entlassen, viele von uns für immer. Für mich bedeutete dieser Abschluß auf lange Zeit die letzte Berührung mit der Welt formaler, staatlich beglaubigter Studien, zu der ich erst nach manchen Jahren zurückfinden sollte." [239] Und was das Chayes-Realgymnasium betrifft, schreibt Stella Klein-Löw: „Hier herrschte doch ein wenig mehr Sicherheit, hier konnte man Ruhe und Ablenkung finden. Wir Professoren machten freiwillig Überstunden. Die jungen Menschen hatten Angst vor der Straße. Einmal wurden im Augarten vielen orthodoxen Knaben die Schläfenlocken mit Reibeisen heruntergerieben, bis Herr Tumkowitsch, unser Schulwart – ein Christ, ein ‚Arier' –, hinlief und die Meute verjagte. Er selbst ließ bei dem ungleichen Kampf sein Untergebiß. Als er zurückkam, meldete er in der Direktion sein Zuspätkommen und lief gleich in die Klassen, um zu sehen, ob man seine Hilfe brauchte."[240]

Diese grauenhafte Szene macht die panische Angst, die viele Kinder vor dem täglichen Schulweg hatten, nur allzu verständlich. Wurde man beschimpft, bespuckt oder verflucht, so war das im Vergleich zu den tätlichen Angriffen auf Leib und Leben, die sich häuften, noch harmlos. Manche versuchten möglichst zeitig loszugehen, um dem nahe der Schule lauernden Pöbel zu entkommen, doch nicht immer hatte diese Strategie Erfolg. „Ich wurde dreimal angegriffen, geschlagen und verletzt. Zwei SS-Männer nahmen mich und meinen Freund von der Straße und wir mußten Autos reinigen und sonstige Dienste leisten. Zum Glück konnten wir entkommen."[241] „Zu dieser Zeit lebten wir bereits im Vorhof zur Hölle und befürchteten jeden Augenblick das Allerschlimmste", schreibt Martha Blend, „Furcht und Haß waren jetzt unsere ständigen Begleiter."[242] Immer wieder wurden Kinder und Jugendliche vorübergehend verschleppt; Walter Grab berichtet, daß er gemeinsam mit anderen Juden unter dem Gejohle der Nazis einen Kel-

---

239 Egon Schwarz: *Keine Zeit für Eichendorff, Chronik unfreiwilliger Wanderjahre.* Frankfurt/M 1992, S. 69f.
240 Klein-Löw 1980 (Anm. 55), S. 112
241 Ernest Winter: Brief v. 19. September 2005
242 Martha Blend: *Ich kam als Kind. Erinnerungen.* Wien 1995, S. 43f.

ler von Kot und Urin säubern mußte[243], Paul Kornfeld, wie er unter den Augen eines Klassenkollegen, bei dem er früher öfter zu Hause gewesen war, um mit ihm zu lernen, am Boden eines finsteren Kellers herumkriechen und sich Kohlenstaub ins Gesicht schmieren mußte.[244] Doch selbst wenn man das Glück hatte, heil und unversehrt heimzukommen, so sah man unterwegs, was anderen zugefügt wurde, sah wie orthodoxe Juden durch die Straßen gehetzt und geschlagen wurden, wie Juden die Auslagen ihrer eigenen Geschäfte mit Judensternen bemalen, wie sie mit scharfer Lauge den Gehsteig kniend reinigen, wie Ältere unter dem Befehl von SA-Leuten am Donaukanal groteske Turnübungen verrichten mußten, und beobachtete den Wiener Mob, der neugierig gaffend und kreischend dabeistand und sich ergötzte. Es war, als wäre jedem Wiener, jeder Wienerin freigestellt, seinen ganz persönlichen Haß, seine Mißgunst, seine Habgier oder einfach seine schlechte Laune zu entladen, kein Jude, keine Jüdin egal welchen Alters, war davor gefeit. Kinder und Jugendliche waren nicht nur mit den ekelerregenden Karikaturen an den Kiosken konfrontiert, sondern mußten auch der Ausstellung *Der ewige Jude* einen Pflichtbesuch abstatten.[245] Und es scheint, als ob diese Ausstellung und das, was sie dort zu sehen bekamen, gleichsam in der Schule erneut in Szene gesetzt würde: Eric Gross erinnert sich, daß er eines Tages gemeinsam mit anderen ins „Schulbüro" gerufen wurde: „[...] mein Kopf und Gesicht wurde von allen möglichen Seiten und Winkeln photographiert, aber es wurde nicht gesagt, warum. Mein Onkel ging zum Lehrer und fragte, was dies zu bedeuten hätte, und er sagte, daß ich und die anderen Buben photographiert wurden, wir waren alle Mischlinge (meine Mutter war arisch und man wollte durch die Bilder beweisen, daß Mischlinge eine Art Untermenschen seien). Das war dem Lehrer sehr peinlich, das zu sagen. Ich glaube, einige dieser Bilder erschienen im Stürmer."[246] Die Fotos sollten, so ein anderer Schüler, als abschreckendes Beispiel für „Mischehen" und Kinder, die daraus hervorgehen, dienen.[247] Deshalb auch forderte man die Kinder auf, „blöde Gesichter" zu machen.[248]

Und doch war der Terror in der Schule nur ein Teil des allgemeinen antisemitischen Wahns; kamen die Kinder und Jugendlichen nach Hause, so setzten sich Angst und Schrecken fort, und was sie in ihren Familien erlebten, war zumeist

---

243 Grab 1999 (Anm. 237), S. 56ff.
244 Paul Kornfeld: Brief v. 17. November 2005
245 Die Ausstellung wurde im Sommer nach Wien gebracht, wo sie innerhalb von drei Monaten von 350 000 Wienern, darunter sämtlichen Schülern besucht wurde. Vgl. Erika Weinzierl: *Zu wenig Gerechte. Österreicher und Judenverfolgung 1938–1945.* Wien 1986, S. 38
246 Eric Gross: Brief v. 14. September 2005
247 Leonard Lewit: Brief v. 10. Oktober 2005
248 John Wykert: Brief v. 6. September 2005

noch schwerer zu ertragen. Denn noch bevor sie selbst in Sammelschulen ghettoisiert worden waren, hatten die Nationalsozialisten mit der Entrechtung der jüdischen Bevölkerung begonnen. Zwar wurden die „Nürnberger Gesetze" offiziell nicht sofort auf die „Ostmark" angewandt, tatsächlich aber traten sie gleich nach dem „Anschluß" in Kraft. Juden und alle, die als solche definiert wurden, verloren über Nacht ihre Arbeit; Beamte, Lehrer, Richter, Staatsanwälte und Notare waren plötzlich ihrer Einkünfte beraubt, ebenso Journalisten, Musiker und Schauspieler. Ärzte – „jüdische Krankenbehandler" – durften nur mehr jüdische Patienten behandeln, und Gewerbetreibenden raubte man ihre Läden und Geschäfte. Besaßen diese Familien kein Vermögen, so waren sie allesamt mittellos und der Verelendung preisgegeben. Doch selbst relativer Wohlstand bot keine Sicherheit angesichts der organisierten Plünderungen, die zu jeder Tages- und Nachtzeit stattfanden. Wahllos drangen SS, SA und Polizei in hunderte jüdische Wohnungen ein und stahlen alles, was ihnen an Wertgegenständen in die Hände fiel. Diese massenhaften Raubzüge und Enteignungen, die zunächst ohne staatliche Lenkung verliefen und an welchen sich oft auch Privatpersonen beteiligten[249], wurden schließlich im Mai '38 mit der Schaffung der „Vermögensverkehrsstelle" unter staatliche Kontrolle gestellt;[250] die planmäßige „Entjudung der Wirtschaft" hatte zur Folge, daß ab nun Vermögensformulare ausgefüllt, Abgaben geleistet, nahezu alles Edelmetall abgegeben werden mußte. Absolute Rechtlosigkeit kennzeichnete die jüdischen Opfer, Besitz konnte jederzeit beschlagnahmt, die Wohnung geraubt, Vermögen konfisziert, das Konto gesperrt, Reichsfluchtsteuer eingehoben werden. Die Entrechtung, Ausgrenzung und Verfolgung der jüdischen Bevölkerung vollzog sich in Österreich nach 1938 nicht nur unvergleichlich schneller als im Deutschen Reich, der aufgestaute antisemitische Wahn entlud sich in der „Ostmark" noch weitaus ungehemmter und gleichsam eruptiv. „Eines wird nun klar", heißt es in der *New York Times* vom März 1938, „Während in Deutschland die ersten Opfer der Nazis die Linksparteien waren – Sozialisten und Kommunisten –, sind es in Wien die Juden, die in erster Linie unter dem revolutionären Angriff der Nazis zu leiden haben. In 14 Tagen ist es gelungen, die Juden einem unendlich härteren Regime zu unterwerfen, als es in Deutschland in einem Jahr erreicht wurde. Deshalb ist die tägliche Liste von Selbstmorden so lang, denn die Juden sind schutzlos Verhaftung, Plünderung, Beraubung ihres Lebensunterhalts und der Wut des Mobs ausgesetzt."[251] Waren in Berlin nach sechs Jahren nationalsozialistischer Herrschaft noch 30 Prozent

---

249 Botz 1988 (Anm. 133), S. 95
250 Hans Safrian / Hans Witek: *Und keiner war dabei, Dokumente des alltäglichen Antisemitismus in Wien 1938*. Wien 1988, S. 96
251 *New York Times*, 23. März 1938, zit. n. Rosenkranz 1978 (Anm. 19), S. 39

der selbständigen Juden erwerbstätig, so waren es in Wien nach etwas mehr als einem Jahr nur mehr sechs Prozent.[252] Kinder und Jugendliche waren Zeugen dieses Terrors, nahmen die Angst und Verzweiflung der Erwachsenen wahr, sobald die Polizei vor der Türe stand, als die Wohnung geplündert, ihre Eltern gedemütigt, geschlagen und verhaftet wurden; sahen die zerschundenen Gesichter und zerschlagenen Glieder der Verwandten, wenn man sie – was für ein Glück – aus der Haft entlassen hatte, und hörten von jenen, die verschleppt, mißhandelt und in Konzentrationslager deportiert worden waren. Sie waren mit dabei, als ihre Eltern aus der Wohnung gejagt und in Quartiere umgesiedelt wurden, in welchen sie, längst ihrer Habe beraubt, zusammengepfercht auf engstem Raum mit anderen Juden kaum Platz zum Leben hatten. Sie erfuhren von den Selbstmorden jener, die die Schmach, die man ihnen zugefügt hatte, nicht länger ertragen konnten. Und sie waren ebenso Opfer von Denunziationen wie Erwachsene und das nicht nur in der Schule[253], sondern auch zu Hause: „Das Gefühl, verraten und schutzlos bösen Mächten ausgeliefert zu sein, verstärkte sich begreiflicherweise noch, als wir aus Haus und Wohnung gejagt wurden. An der Tür unseres Nachbarn, eines alten Obersten aus der Kaiserzeit, der mit seiner jungen Enkelin die Wohnung nebenan bewohnte, wurden allnächtlich – so behauptete man, gesehen habe ich sie nie – obszöne Zettel angebracht, und ich, als einziger Judenjunge im Haus, geriet in Verdacht der Täterschaft. Schließlich galt Laszivität und obszönes Sexualverhalten als eine jüdische Spezialität. Wenige Wochen vorher hatte der alte Offizier meine Eltern noch seiner Sympathien versichert [...]. Jetzt aber sagte er mir ins Gesicht, er habe mich nachts über den Korridor schleichen und meine widerliche Botschaft an die Tür heften sehen. Nach den möglichen Motiven meiner Untat befragt, erteilte er die schlichte Antwort: ‚Weil mir Nazis san, und Sie san a Jud.‘ Der Blockwart, ein alter ‚Illegaler‘ wurde gerufen und erklärte, wir müßten unverzüglich das Haus räumen, was noch eine Gnade sei, denn bei einem so schwerwiegenden Fall hätte er im Grunde die Verpflichtung, mich der Gestapo zu übergeben [...]. Dazu kam noch, daß wir uns trennen mußten. Mich nahm ein Freund der Familie in seine Wohnung auf, während mein Vater sich das Nachtquartier in seinen Arbeitsräumen aufschlug. Das alles trug viel zu meiner Desillusionierung bei, zu dem Gefühl, die Auflösung, ja die Zertrümmerung meiner Existenzform zu erleben."[254] Diese zahllosen Gemeinheiten, der Sadismus und die Niedertracht der Wiener Bevölkerung, machten den Alltag zur Hölle, der niemand entkommen konnte. Für

---

252 Safrian/Witek 1988 (Anm. 250), S. 98

253 Vgl.: Banu Kurtulan: *Zur Geschichte der jüdischen Schüler des RG 18 1938.* Wien 1994, S. 18

254 Schwarz 1992 (Anm. 239), S. 65f.

Kinder und Jugendliche gab es nicht die geringste Schonung, keine Chance, vor den Eltern irgendeine Untat des Pöbels geheim zuhalten, die Tragödie abzuwenden, sie waren ebenso schutzlos ausgeliefert wie die Erwachsenen. „Verglichen mit Wien, war Berlin ein sicherer Platz, österreichische Nazis gingen ihren antijüdischen Brutalitäten viel grausamer nach als ihre deutschen Gesinnungsgenossen", erinnert sich Meir Weiss.[255] Deshalb auch schickte John Carys Mutter ihren Sohn nach Berlin: „[...] dort gab es ein Internat für jüdische Kinder – die Goldschmidt-Schule. Herbst 1938 bin ich dort eingetreten und war zwei Semester lang bis Ostern 1939 ein Schüler in Berlin [...]. Es war in Berlin weniger schlimm, ich bin mit der U-Bahn ins Internat gefahren, und bin nie angepöbelt worden."[256]

Freundschaftsringe als Zeichen der Verbundenheit

Eine der Fragen, die fast nur von Frauen beantwortet wurde, war die nach der Bedeutung von Freundschaften in der Schulzeit. Gleich nach dem „Anschluß", als an vielen Anstalten jüdische Kinder und Jugendliche in eigenen Klassen separiert worden waren, zerbrachen zahlreiche dieser Bindungen. „Auf einmal waren wir nichts wert, von einem zum anderen Tag wollte meine beste Freundin von mir nichts wissen. Alles, was wir früher zusammen machten, wir gingen fast jede Woche ins Burgtheater zu Nachmittagsvorstellungen und nachher warteten wir beim Bühnentürl auf die Schauspieler und bekamen Autogramme, die wir sammelten, alles das und vieles andere durfte ich mit ihr nicht mehr machen. Auch zu Hause wollte sie nicht mehr mit mir spielen, obwohl mich ihre Eltern sehr gerne hatten."[257]

Auch wenn Schülerinnen wiederholt darauf hinweisen, daß nach dem Ausschluß, in den verbleibenden zwei Monaten bis zum Schulende, die Zeit einfach zu kurz und die Anspannung zu groß waren, um sich mit anderen Kindern anzufreunden, berichtet Susanne Bock von Freundschaften, die einen ganz anderen Stellenwert hatten, „die Bindungen zwischen den Schülern waren von ganz anderer Natur, man hat sich gegenseitig geholfen, das hält unglaublich, das sind echte Beziehungen."[258]

Gretel Dostal ging in das Luithlen-Gymnasium, eine Privatschule, die vorwiegend von Jüdinnen besucht und auch von einer jüdischen Direktorin geleitet wurde. Im Frühjahr 1938 wurde die Anstalt aufgelöst und sie, die nach den

255 Meir Weiss: *Begegnung mit Vergessenen, Verschollenen und Vertriebenen.* Wien 1990, S. 73
256 John Carry: Brief v. 3. September 2005
257 Martha Werbel: Brief v. 14. April 1999, Briefsammlung, Gedenkstätte Karajangasse
258 Susanne Bock: Interview Mai 2004

„Nürnberger Gesetzen" Vierteljüdin war, mußte mit sechs „Nichtjüdinnen" die Schule verlassen und wurde in eine andere Anstalt „umgeschult". Dort gab es „schreckliche Naziprofessoren", für diese Mädchen, die mit Jüdinnen aufgewachsen waren und mit ihnen die Schulbank geteilt hatten, schockierende Erfahrungen. Als Reaktion auf diesen Schock haben sich die sieben zusammengeschlossen und Freundschaftsringe getauscht, als Zeichen tiefer Verbundenheit und Solidarität gegen den sie umgebenden antisemitischen Wahn.[259]

Es war freilich ein grundlegender Unterschied, ob diese Freundschaften zwischen Jüdinnen, also den Verfolgten, oder zwischen einer Jüdin und einer Nichtjüdin geschlossen wurden. In Edith Rosenstrauch-Königsbergs Klasse gab es auch Freundschaften „zwischen Nazischülern und uns Jüdinnen" und ebenso „bei den Burschen, die weitgehend organisierte Nazis waren und im Jahr 1938 sofort nach dem Einmarsch bereits in Uniform der Nazibewegung auftraten", und ihren jüdischen Kollegen.[260] In der überwiegenden Mehrzahl der Fälle jedoch wurden nichtjüdische Schüler, wenn sie weiterhin ihre Freundschaft zu einem jüdischen Kind aufrechterhielten, nicht allein innerhalb der Klasse von den anderen beschimpft und bedroht, also kurzum geächtet.[261] „Meine nicht-jüdischen Kolleginnen waren sehr kalt zu uns, mit einer Ausnahme. Meine beste Freundin, die katholisch war, ließ sich nicht beeinflussen und blieb in Verbindung mit mir, auch wenn unser Kontakt nur geheim war, um Probleme für sie zu vermeiden."[262]

Was Jüdinnen untereinander verband, war weit mehr als Freundschaft – es war die gemeinsame Erfahrung, auf einmal aus dem Klassenverband ausgestoßen zu sein, gedemütigt zu werden, ohne sich dagegen zur Wehr setzen zu können: „Plötzlich kam während des Unterrichts die Direktorin in die Klasse. Wie immer war sie schwarz gekleidet; sie wirkte ernst, streng, unnahbar. Hoch aufgerichtet stand sie vor den Bankreihen, hob den rechten Arm und grüßte mit lautem ,Heil Hitler!' Wir sprangen von unseren Sitzen, die meisten rissen ihren rechten Arm in die Höhe und ein vielstimmiges ,Heil Hitler' tönte zurück. Wie eine Richterin stand sie vor uns. Ich hielt den Atem an, denn nun konnte nichts Gutes kommen: mit theatralischer Gebärde öffnete sie ein Buch, ließ ihren Blick über uns gleiten und befahl: ,Setzen!' Frau Professor Angermayer trat einige Schritte hinter Frau Dir. Sanchez zurück, sie schien mir nun noch kleiner als sonst. Da begann schon das Verhör: ,Es sollen alle aufstehen', gebot die Direktorin, ,die vier jüdische Großeltern haben'. Unsere jüdischen Mitschülerinnen standen auf, und ihre Namen wurden in das Buch eingetragen. Es ging nun so weiter, über drei jüdische

---

259 Grete Dostal: Interview Mai 2004
260 Edith Rosenstrauch-Königsberg: *Von der Metallschleiferin zur Germanistin.* Wien/Köln/Weimar 2000, S. 13ff
261 Eric Gross: Brief v. 14. September 2005
262 Yolanda Strauss: Brief v. 22. November 2004

Großelternteile – zwei – und schließlich kam die Frage: ‚Wer hat einen jüdischen Großelternteil – zuerst von den katholischen Schülerinnen?' Da stand plötzlich meine Freundin Kitty vor mir; in ihrer sehr bestimmten und robusten Art hatte sie sich erhoben, und ihre Haltung schien Trotz auszudrücken; oder war es nur die äußere Schale, die die innere Verwundbarkeit verdecken sollte? Ihr Gesicht konnte ich nicht sehen, denn sie saß eine Bankreihe vor mir; vielleicht hätte dieses mehr verraten. Ich war empört, daß man gezwungen wurde, hier und vor allen über die Herkunft seiner Großeltern Auskunft zu geben, und hatte Angst vor den Folgen, die daraus entstehen könnten; mir blieben nur noch Sekunden zum Überlegen: schon wollte ich vorgeben, darüber Bescheid zu wissen, um Zeit zu gewinnen; aber da stand meine Freundin wie ein Säule vor mir und hatte schon die Blicke aller Mitschülerinnen auf sich gezogen, die mit nach hinten verdrehten Köpfen dasaßen und sie verwundert, unsicher, aber größtenteils mit unverhohlener Neugier anglotzten. Da kam auch schon die Frage aus dem Mund der Direktorin: ‚Wer hat *einen* jüdischen Großelternteil unter den evangelischen Schülerinnen?' Nun gab es für mich kein Überlegen mehr. Alle Vernunft war dahin, und die Freude über das gemeinsame Schicksal, das in diesem Augenblick den Grundstein zu einer unlösbaren Freundschaft legte, überwog. Ich stand hinter Kitty, die vergessen hatte, sich wieder zu setzen. Nun standen wir beide – am Schandpfahl, denn in diesem Augenblick wurde uns bewußt, daß es eine Schande war, nicht ‚rein arisch' zu sein. Ich weiß nicht, wie lange wir so standen, vielleicht nur Sekunden, aber es schien mir eine Ewigkeit. Die Spannung in der Klasse hatte sich gesteigert, denn daß die beiden Freundinnen, die ihre guten Plätze in den Führungsrängen der Klassen hatten und unbestritten zu den besten Turnerinnen gehörten, eine Eigenschaft, die, wie sich später herausstellte, nur Menschen arischen Blutes zugebilligt wurde, nun auch noch jeweils eine jüdische Großmutter aufzuweisen hatten, war eine Sensation. War es zuerst nur stummes Staunen, so erfüllte jetzt ein allgemeines Gewisper das Klassenzimmer. Die uns anstarrenden Augenpaare fühlte ich mehr, als ich sie wahrnahm, denn mein Blick ging geradeaus – durch die Direktorin hindurch, an der in sich zusammengesunkenen Lehrerin vorbei und bohrte sich in die schwarze Tafel."[263]

Die Historikerin Erika Weinzierl, die in einem sozialdemokratischen Elternhaus aufgewachsen war, befand sich gleichsam in umgekehrter Position: Dadurch nämlich, daß „ich in der Schule mit Jüdinnen in Kontakt kam, bin ich wirklich zu einer Antinationalsozialistin geworden", erzählte sie, „ich glaube, daß ich damals schon am meisten in der Schule begriffen habe, obwohl ich das nicht ausgespro-

---

263 Dr. Herta Bren: *Naturgeschichtsstunde*. Wien 1988. Dieser Bericht einer ehemaligen Schülerin wurde mir freundlicherweise von Frau Dr. Lore Brandl-Berger, die im Bundesrealgymnasium in der Wenzgasse unterrichtete, zur Verfügung gestellt.

chen habe." Daß sie sich später dem Widerstand anschloß, führt sie auf diese frühe Erfahrung zurück. Erika Weinzierl besuchte damals das einzige humanistische Mädchengymnasium in Wien, die Schule in der Rahlgasse. „Die Hälfte der Klasse waren Jüdinnen, die mußten Anfang März die Schule verlassen. Im Herbst 1938 sind dann Mädchen von den aufgelassenen Klosterschulen, so genannte Mischlinge, in unsere Klasse gekommen. Zu uns sind die Ursula J. und die Alice R. gekommen. Die wurden meine besten Freundinnen. Sie wurden in die letzte Bank gesetzt und es wurde uns gesagt, wir dürfen nicht mit ihnen reden. Sie durften auch nicht mit auf den Skikurs. Und dann hat die eine geweint. Und da bin ich aufgestanden und nach hinten gegangen und hab' sie gefragt, ob sie einen Bleistift braucht. Von dem Augenblick an sind das meine besten Freundinnen geworden. Die Direktorin hat sie aber dann in der fünften von der Schule vertrieben, sie hat das nicht ausgehalten, ‚Mischlinge‘ an ihrer Schule zu haben, und sie haben dann in der Albertgasse ganz normal maturieren können. Bin mit ihnen das ganze Leben in Kontakt geblieben."[264]

Vor solch einer existentiellen Entscheidung aber standen alle Schülerinnen und Schüler, in deren Klasse Jüdinnen und Juden gingen. Die Wahl, für oder gegen die Verfolgten Partei zu ergreifen, hatten alle, doch nur wenige Ausnahmen wie Erika Weinzierl schlugen sich so mutig auf die Seite ihrer jüdischen Mitschüler, lehnten sich gegen das Ungeheuerliche auf, das um sie geschah. Angesichts einer solchen Erfahrung waren sie plötzlich vor eine Wahl gestellt, die über Leben und Tod entscheiden konnte und die ihr ganzes späteres Leben prägte.

---

264 Erika Weinzierl: Interview Mai 2004

Statt eines Nachwortes

Fritz Kafka
3201 University Boulevard West
Kensington, Maryland 20895

An den
Herrn Direktor
des Bundesgymnasiums
(frueher Spittelwiese)
Koerner Strasse 9
LINZ a.d.

2. Mai 1996

Sehr geehrter Herr Direktor!

Im nächsten Monat werde ich mein Matura Jubilaeum feiern – diesmal das siebzigste.

Nahe dem Ende meines Lebens ueberblicke ich meine Vergangenheit. Ich bin mir voellig bewusst, dass ich glücklich bin die Nazi-Zeit überlebt zu haben. Aber meine acht Jahre am Linzer Gymnasium gehoeren zu meinen unangenehmen Erinnerungen. Diese Zeit war fern von der sorglosen Jugendzeit die ein gesunder, guter Schueler erwarten konnte. Der Schueler war ein Jude.

Antisemitismus von vielen Mitschuelern und einigen Professoren umgab mich taeglich und da waren nur wenige Ausnahmen.

Im Jahre 1922 oder 1923, ein Hakenkreuz auf meine Bank genagelt, verkuendete meine „Klassenacht", die bis zur Matura dauerte. Dies zu einer Zeit, als nur wenige Leute von Adolf Hitler gehört hatten. Zur Matura meine frueheren Noten wurden so manipuliert, dass mir die Auszeichnung versagt wurde. Ich erinnere mich an die Details genau.

Die Atmosphaere waehrend der Jahre meiner Entwicklung hat mein spaeters Leben beeinflusst.

Ich hoffe, dass Ihre Generation die Welt anders sieht, das heisst, dass ein juedischer Student seine acht Jahre als Mensch, und nicht als Untermensch, verbringen kann.

Mit besten Wünschen   Hochachtungsvoll Dr. jur. Fritz Kafka

Akademisches Gymnasium
4020 Linz, Spittelwiese 14

* * *

Herrn
Dr. Fritz Kafka

Linz, 1999-10-07

Sehr geehrter Herr Dr. Kafka!

Danke für Ihren Brief vom 6. Mai, den ich erst heute, 3 ½ Jahre später erhalten habe. Sie haben als Adresse Linz, Körnerstr 9 geschrieben, wo sich heute die allgemeinbildende Höhere Schule befindet. Ihre Beifügung „früher Spittelwiese" hat der Briefträger ignoriert und den Brief dort und nicht bei uns, in der Spittelwiese 14, abgegeben. Ihr Brief blieb liegen, bis ihn vor einigen Tagen der neue Direktor des Gymnasiums Körnerstraße entdeckte und mir, dem jetzigen Direktor des Gymnasiums Ihrer und auch meiner eigenen Schule in der Spittelwiese, zusandte.
Wir führen heute im Namen auch den Zusatz „Akademisches Gymnasium".
Ich hoffe, dass Sie noch am Leben sind und an derselben Adresse wohnen, sodass Sie dieser Brief erreicht. Andernfalls bitte ich die Person, die diesen Brief liest, mir bei der Suche nach Herrn Dr. Kafka zu helfen.
Ihr Brief hat mich sehr berührt und ich fühle mit Ihnen. Ich kann Ihnen aber erfreulicher Weise versichern, dass wir heute an unserer Schule keine Form der Diskriminierung, weder aus rassischen noch aus religiösen Gründen kennen, sodass Gott sei dank niemand mehr ein ähnliches Schicksal wie Sie erleiden muss.
Wir haben einen sehr rührigen Absolventenverband, der 4 Mal im Jahr eine Zeitschrift für die „Ehemaligen" herausgibt. Falls es Sie interessiert, können wir Ihnen diesen ABSOLVENTENREPORT gerne zusenden.

106

Wenn Sie Zugang zum Internet haben, können Sie dort auch unsere Hompage besuchen. Diese wird laufend aktualisiert, sodass Sie immer die neuesten Informationen über unsere Schule erfahren können.

Ich würde mich sehr über eine Antwort freuen und wünsche Ihnen alles Gute.

Mit freundlichen Grüßen
Dr. Franz Mayr
Direktor

Peter Lang · Internationaler Verlag der Wissenschaften

Maria Streßler

Im Klassenzimmer

Der Wandel des Lehrer-Schüler-Verhältnisses in Österreich
Erste und Zweite Republik im Vergleich

Frankfurt am Main, Berlin, Bern, Bruxelles, New York, Oxford, Wien, 2008.
VIII, 358 S., 18 Abb.
Historisch-anthropologische Studien.
Herausgegeben von Hubert Christian Ehalt. Bd. 21
ISBN 978-3-631-56348-9 · br. € 56.50*

Die Abhandlung beschäftigt sich mit dem Schulalltag in Österreich. Untersucht wurde dabei, wie das Geschehen in den Klassenzimmern von Lehrern und Schülern erlebt wurde und welche Änderungen dabei im Laufe der Zeit auftraten. Ausgehend von einer Darstellung der schulpolitischen Rahmenbedingungen wird ein recht vielschichtiges Bild von Schule und Schulalltag entworfen. Die Basis hierfür bilden 46 Zeitzeugenberichte ehemaliger Lehrer und Schüler, die sich über den Zeitraum der Ersten und Zweiten Republik erstrecken. Die vielen Originalzitate im Text zeigen in beeindruckender Weise, dass das Schulerleben des Einzelnen von ganz persönlichen Voraussetzungen geprägt wird. Darüber hinausgehend aber wird deutlich, dass auch der Bereich der Schule einem steten Wandel unterliegt.

Aus dem Inhalt: Österreichische Schulpolitik · Schulalltag: Die Bedeutung von Schule im gesellschaftlichen Zusammenhang · Schulkultur · Lehrerbilder · Beziehungsfeld Schüler-Lehrer-Eltern · Disziplin

Frankfurt am Main · Berlin · Bern · Bruxelles · New York · Oxford · Wien
Auslieferung: Verlag Peter Lang AG
Moosstr. 1, CH-2542 Pieterlen
Telefax 0041 (0) 32 / 376 17 27

*inklusive der in Deutschland gültigen Mehrwertsteuer
Preisänderungen vorbehalten
Homepage http://www.peterlang.de